AF215721

[1]

Inhalt

Herstellung und Verlag:

© 2017

Herstellung und Verlag: BoD – Books on Demand,
Norderstedt.

ISBN: 9783744809917

Copyright:

© 2017 Rhiannon Brunner,

Erstveröffentlichung 02.09.2017

Alle Rechte vorbehalten. Abdruck und Verwendung nur mit
schriftlicher Genehmigung der Autorin.

VORWORT

Wie lässt sich eine Truppe oder gar ein ganzes Regiment möglichst sinnvoll versorgen? Jeder Soldat braucht ausreichend Energie, Kraft und Nährstoffe. Welche Nahrung ist dieser Aufgabe am besten gewachsen?

Vor dieser Aufgabe standen nahezu alle Armeen der Geschichte. Soldaten und Krieger hatten lange Märsche und harte Kämpfe zu bestehen. Selbst leichtes Training schnellt den Kalorienbedarf rasch bis weit über 3.000 Kalorien nach oben.

Oftmals unterschieden die Heerführer zwischen der Ernährung im Feld und jener in Lager, Kaserne oder Garnison. Verköstigung erfolgte, wenn möglich, durch frische Zutaten und in verschiedenen Variationen. Feldernährung sollte haltbar, kompakt, nährstoff- und kalorienreich sein.

Mangelte es an nötiger Versorgung, waren Feldherren bisweilen sogar gezwungen, ihre Taktiken der Situation anzupassen. Selbst Sieg und Niederlage unterlagen dem Aspekt ausreichender Versorgung.

Dieses Buch ist als Streifzug durch die Militärgeschichte zu verstehen, mit einem Einblick in die Kochtöpfe der Soldaten.

KRIEGERKÜCHE

Seit einigen Jahren greifen vermehrt Fitnessbegeisterte historische Kochrezepte auf. Sie adaptieren sie und bauen sie in ihre eigene Ernährung ein. Der Erfolg gibt ihnen recht.

Viele dieser Rezepte dienen bis heute dem Muskelaufbau und erhöhen Trainingserfolge. Manchmal braucht es keine teuer importierten „Superfoods". Oft reicht der Blick in die Kochkessel längst vergangener Zeiten völlig aus!

Kriterien historischer Kriegerkost:

- Damals stark verbreitete Nahrungsmittel
- Preiswert und haltbar

Hier angeführte Rezepte sind entsprechen weitgehend dem Original. Zur Umrechnung von Mengenangaben findet sich am Ende des Buches eine entsprechende Tabelle!

Einst alltägliche Zutaten können längst zur Rarität geworden sein. In derartigen Fällen ist ein Austausch mit "modernen" Materialien möglich. Die Zutaten sollten frisch, authentisch und der Zeit entsprechend sein!

Truppenverpflegung in alten Zeiten

Begeisterung für das Kriegshandwerk, heroische Tapferkeit oder Notsituationen führten Menschen zum Kriegshandwerk. Ihre Erfahrungen waren reichlich und oft sehr verschieden. Es gab nur zwei große Gemeinsamkeiten durch die Jahrhunderte –Sold und leibliches Wohl!

Staatsherren stöhnten unter den Kosten ihrer Feldzüge. Das einfache Volk litt unter Steuererhöhungen und Plünderungen. Kriege waren seit jeher teuer!

Ordentliche Bezahlung, Truppenverpflegung und die Möglichkeit mit dem Sold etwas zu kaufen, steigerte die Moral der Soldaten. Ein Heer ohne ausreichenden Sold und Versorgung hingegen galt oftmals als unwillig und untauglich. Besonders im Mittelalter und der frühen Neuzeit sorgten die Herrscher nur mangelhaft für ihr Fußvolk. Dieser Umstand brachte Plünderungen, Raub und vieles mehr mit sich.

Vielfach entwickelte sich Selbstverpflegung zur üblichen Art der Truppenversorgung. In „Habersäcke oder Ranzen" trugen Soldaten oftmals Mundvorrat für mehrere Tage mit sich. Im Tross alter Feldzüge fanden sich „Spieswagen", die bei Bedarf neue Lebensmittel aus der Heimat holten. Marketenderinnen und Händler verkauften Nahrungs- und Genussmittel zu weit überzogenen Preisen. Nicht zuletzt boten Städte und Dörfer Vorräte an, um die herumziehenden Soldaten milde zu stimmen.

In Kriegszeiten (manchmal auch in Friedensperioden) suchten sie regelmäßig nach Verpflegung an Ort und Stelle. Wie Heuschreckenschwärme zogen sie durch die Lande. Glücklich war, wer Gastfreundschaft genießen durfte. Die Alternative für den „Gastgeber" fand sich in Raub und Plünderung. Ansässige sicherten sich ihr Leben, wenn sie sich freiwillig freigiebiger zeigten. Gab es nichts mehr zu holen, zog der „Schwarm" weiter – oder blieb und hungerte.

In alten Chroniken und Aufzeichnungen vieler Städte und Klöster finden sich Geschichten und Anekdoten, die von ausgegebenen Rationen (Wein, Brot, Fleisch und Alkohol) erzählen.

Zum Schutz der Zivilbevölkerung folgten auf ausschweifende Plünderungen regelmäßig Verhaltungsmaßregeln von oben. Brandschatzungen sollten so nur noch in Ausnahmefällen zulässig sein.

Der Sold spielte für Soldaten eine essenzielle Rolle. 1529 und 1531 kam es zu den ersten (christlichen) europäischen Religionskriegen. Geführt durch die reformierten Kantone (Führung Zürichs durch den Reformator Huldrych Zwingli) ging es gegen die fünf inneren katholischen Bergkantone.

> **Auszug der Zürcher-Verordnung im 2. Kapllerkrieg:**
> Item einem spillmann des tags 4 Schilling; item einem Koch des tags 5 Schilling, item

> einem fussknecht so ein houptman und ein
> anderer amptman hat, so uf in wartot, 2
> Schilling, einem gewöhnliehen
> Fuss Soldaten wohl täglich 3 Schilling,
> einem Büchsenschützen wohl 4 Schilling."

Neben dieser Bezahlung musste die zivile Bevölkerung von Bern Zwangslieferungen bereitstellen.

1798 fielen darunter:
- 696.000 Portionen Brot zu 720 Gramm
- 763.801 Portionen Fleisch zu 240 Gramm
- 577.759 halbe Mass Wein
- 25.903 Portionen Branntwein
- 8.931 Pfund Salz
- 32.791 Rationen Heu zu 15 Pfund
- 6.943 Portionen Stroh zu 10 Pfund

> **Zitat Friedrich der Grosse:**
> „Wenn man Krieg führen will, muss man
> mit dem Magen des Soldaten anfangen."

> **Zitat Napoleon:**
> „Eine Armee marschiert auf ihrem Magen."

Brot für die Soldaten

Manche Rezepte erscheinen rustikal, viele sind es. Die Feinheiten der Cuisine findet sich in Kriegsrezepten selten. Besonders dem „gemeinen" Soldaten war „gestelztes" Benehmen meist egal, solange er sich den Wanst vollschlagen konnte.

Meist stellten Brot sowie gepökeltes oder getrocknetes Fleisch die Hauptnahrung. Aufbessern dieser kargen Rationen blieb dem Einzelnen im Regelfall selber überlassen.

Oft genug versuchten umsichtige Heerführer, ihre Truppen von betroffenen Regionen unabhängig zu versorgen. Häufig scheiterte dieser gut gemeinte Gedanke an zu geringen Transportkapazitäten oder dem Wetter.

- Byzanz:
  Soldaten hatten eine bestimmte Ration Getreide mit sich zu führen. Zu ihrer Grundausstattung gehörte eine kleine Handmühle. Daraus gewonnenes Mehl sollte der Herstellung von Paximadion (hartes, trockenes Gerstenbrot) dienen.
- Griechenland:
  Sie erhielten täglich Käse, Zwiebel und eine bestimmte Anzahl Choinix (Liter) Getreide. Regelmäßige Fleischversorgung fehlte.
- Rom
  Jeder Soldat erhielt täglich zwei Pfund Brot, Fleisch, Olivenöl und Wein. Zudem hatten sie Anspruch auf

eine tägliche Menge von 2 Sextarii (etwa 1 Liter oder 850 g) Weizenkörner.

- Kriegsmarine Napoleons
  Trockene, harte Kekse aus gemahlenen Knochen und Erbsmehl lieferten die Basisversorgung.
  Pökelfleisch musste vor dem Verzehr geschnitzt werden, um es verzehren zu können. Kostbares Trinkwasser ersetzten die Matrosen durch Alkohol. Dieser ließ sich leichter und einfacher aufbewahren. Generell galt das Rationierungssystem „vier für sechs" - vier Portionen für sechs Männer.

Diese wenigen Beispiele ließen sich auf eine sehr lange Liste erweitern.

1810 begann eine neue Ära. Der Zuckerbäcker Nicols Appert gewann für sein innovatives Konservierungsverfahren 12.000 Goldfranc. Hitze sorgte dabei für erhöhte Haltbarkeit der Lebensmittel.
Darauf aufbauend entwickelte der britische Kaufmann Peter Durand die Konservendose.

1813 eröffnete die erste Konservenfabrik zur Versorgung der britischen Armee. Diese „iron rations" brachten endlich Gemüse auf den Speiseplan.

Ab diesem Zeitpunkt schritten Technologie und Weiterentwicklung immer schneller voran. Noch lässt sich nur ahnen, welche Nahrung die Armeen in der Zukunft zu sich nehmen werden!

ANTIKES
GRIECHENLAND

Sparta gilt als DAS Kriegervolk der alten Griechen. Bis heute steht "spartanisch" für ein karges, hartes Leben voll Entbehrungen.

Von klein an gingen Spartas Söhne durch eine Schule der Abhärtung. Als Schlafplatz diente eine dünne, selbst geflochtene Schilfmatte. Ihre Kleidung bestand lediglich aus einem Mantel und einem dünnen Kleidungsstück.

Sie lernten Ausdauer, Disziplin und Gehorsam, mehr noch, als in anderen Kulturen. Wettkämpfen und Initiationsriten schärften Ausdauer, Wagemut und Ehrgeiz. Ständiger Nahrungsmangel lehrte sie, die eigenen Kameraden und Sklaven zu bestehlen. Wer sich dabei erwischen ließ, wurde bestraft.
(Nicht des Diebstahls wegen, sondern weil er so dumm war, sich erwischen zu lassen.)

Für Fehltritte erhielten angehende Krieger Peitschenhiebe. Diese Strafe prägte sich deutlich ein. Abhärtung war die Devise!

Sparta erzog seine Jugend nicht, sondern schmiedete sie!

Eignung und Ausbildung

Bereits Neugeborene hatten vor dem Ältestengremium bestehen. Befand das Gremium ein Kind für ungeeignet, warf man sie in eine Schlucht im Taygetos-Gebirge. Bestanden die Kinder diese erste Prüfung, durften sie bis zum 7. Lebensjahr bei den Eltern bleiben.

Danach begann ihr Leben in einer staatlichen Anstalt. Dort lebten sie als „Herde" unter der Aufsicht von Eiren (älteren Jungen), regelmäßig von Paidonomos (Beamten) kontrolliert. Nach abgeschlossener Ausbildung erhielten sie sämtlich Rechte und Pflichten als Vollbürger Spartas.

Syssitia

Besonders vielversprechende Jugendliche durften bereits frühzeitig an den Syssitia teilnehmen. Zur Verschwiegenheit verpflichtet, sollten sievon den Erfahrungen der Älteren profitieren.

Ab 20 hatten Vollbürger (Männer mit guten Reputationen und sofern sie sich die jährlichen Abgaben leisten konnten), die Pflicht täglich zur Syssitia zusammenzutreffen. Nur Schwerkranke oder wer unaufschiebbare, religiöse Opfer zu erledigen hatte, durfte sich davon vorübergehend entbinden lassen.

Typische Syssitia Mahlzeiten

Jagdbeute stellte einen Gutteil der Mahlzeiten dar. Dazu gesellten sich Blutsuppe, Gerstenbrot und Käse mit Feigen.

- Aiklon:
  diktiert vom spartanischen Gesetz
  vorbereitet von einer Gilde erblicher Köche
- Epaiklon:
  offen für Jünglinge unter 20
  die servierten Speisen mussten am eigenen Gut
  hergestellt worden sein

Aiklon

Kredenzte Lebensmittel entstammten den Mitgliedsgebühren und enthielten eine festgelegte Menge Gerste, Wein, Käse, Feigen und Geld.

Köche servierten eine kleine Menge „schwarze Suppe". Diese Brühe aus Wasser, Blut, Essig und Salz ist bis heute als „Blutsuppe" bekannt. War Artemis den Spartanern hold, dann fand sich Wildschweinfleisch in der Brühe – pro Mitglied höchstens ein viertel Pfund. Als Beigabe kamen Olivenöl, Käse oder Feigen. Manchmal kredenzten die Köche Fisch, Hase oder Ringtaube.

Nach der Suppe gab es „Gerstenkuchen". Damit ist eine Art Schleim, vermengt mit Olivenöl, gemeint.

Epaiklon

Im zweiten Teil der Syssitia durfte „geschlemmt" werden. Die Mitglieder der Haushalte bereiteten die Speisen vor. Als erlaubte Zutat galt alles eigenständig Produzierte. Darunter fielen Brot, Oliven, Äpfel, Fleisch und Jagdbeute, Fische und frische, saisonale Produkte. Sparta durfte sich aus gutem Grund zu den besten Landwirten Griechenlands zählen. Sparta versuchte damit eine alte, rituelle, militärische Gewohnheit zu bewahren. Zuerst gab es Suppe aus erlegten Tieren. Anschließend jenes Essen, das Einzelpersonen aus Lehensabgaben (Futterstellung) oder Plünderungen erlangen konnte. Im Gegensatz zum Aiklon gab es hier keine gesetzlich vorgegebenen Zutaten und Kochmethoden.

Eingeladene Jünglinge unter 20 saßen still am Boden und lauschten den Unterhaltungen. Das sollte helfen, spartanische Konversation, Geschichten und Geschichte zu erlernen.

Unterschiedlicher dazu hätten andere griechische Stadtstaaten kaum sein können.

Athens (junge) Männer	Spartas (junge) Männer
trugen lange Haare	Glatze
kleideten sich in kostbare Stoffe	Einfache Kleidung
parfumierten sich	zogen Kampfspiele und Sport der Kunst vor - rudimentär lesen und schreiben reichte völlig

Athens Frauen	Spartas Frauen
Lebten hinter verschlossenen Türen	Trieben Sport in eigenen Wettkämpfen Sport bei Ringkampf, Wettlauf, Diskus- und Speerwurf
dem Willen von Vater und Gatten unterworfen	
	Waren für den wirtschaftlichen Erfolg des Gatten zuständig. Sie sorgten für seinen Status als Vollbürger.

Plutarch über die totalitäre Staatsauffassung:

„Niemand durfte leben, wie er wollte; in der Stadt hatten die Spartaner wie in einem Feldlager eine genau festgelegte Lebensweise und eine Beschäftigung, die auf das öffentliche Wohl ausgerichtet war, da sie dachten, sie gehörten ganz dem Vaterland und nicht sich selbst."

Nichts hält ewig. Dies traf ebenfalls auf Sparta zu!

404 v. Chr. Athen schlug Athen Sparta im Peloponnesischen Krieg. Mit dem Aufstieg Athens begann Spartas Abstieg. Gelockerter Lebensstil unterwanderte die strengen Sitten der

Vorväter und brachten Korruption, Dekadenz und Geldgier mit sich.

222 v. Chr. unterlag Sparta bei Selassia einer makedonisch dominierten, griechischen Konföderation und wurde erstmalig in seiner Geschichte von einer fremden Armee besetzt. Spartas unrühmliches Ende gestaltete sich als Attraktion für römische Touristen.

Ernährung im antiken Griechenland

Authentische griechische Küche der Antike weißt kaum Ähnlichkeiten mit der modernen Mittelmeerkost auf.

Historisch korrekte Informationen finden sich in Bildern, Texten, archäologische Funde und in Geschichten über Helden wie Homer oder Odysseus.

Um sie zu verstehen, ist es notwendig, die griechische Vergangenheit näher zu betrachten. Ursprünglich bestand Griechenland aus verstreut liegenden, einzelnen Bauerngehöften und kleineren Städten. Es verfügte über Getreide für Brot und Brei (Gerste und Hirse), Obst und Gemüse (Granatäpfel, Quitten, Äpfel, Weintrauben, Bohnen, Oliven,...) Fleisch (Geflügel, Schafe, Ziegen, Schweine, Rind, Wild), Fische und Meeresfrüchte.

Alexander der Großen brachte griechische Kultur und Nahrung in den Mittleren Osten. Im Gegenzug kamen Zitrusfrüchte, Pfirsiche und Pfaue. Um 350 v. Chr. reichte Griechenland bis zur spanischen Küste, bis es seine

[16]

Unabhängigkeit an jüngere Königreiche wie Syrakus verlor.

Männer blieben meistens unter sich, feierten ausschweifende Gelage bis tief in die Nacht. Anwesende Frauen dienten mit Tanz und Gesang der Unterhaltung. Sklaven sorgten für Musik.

Wie später die Römer, lagerten Männer auf Liegen mit einem kleinen Tisch neben sich. Waren ihre Söhne alt genug, saßen sie neben ihrenVätern auf den Liegen.

Speisenreihenfolge um 400 v. Chr.:

- Weizen- und Gerstenbrote
- appetitanregende Vorspeisen
  (frisches Obst, Meeresfrüchte, gebratene Vögel, gesalzener Stör, Thunfisch und Fleischdelikatessen in stark gewürzten Soßen)
- frische Fischgerichte
- geschmortes oder am Spieß gebratenes Lamm oder Zicklein
- Nachspeisen
  (Kuchen, Honigwerk, Käse, getrocknete Früchte und Nüsse)
- Wein gemischt mit Wasser

Wohlhabendere und reichere Bürger konnten sich diese Gelage leisten. Ärmere Personen hatten mit eintönigerer Kost zufrieden zu sein. Meist stellten Gerstenbrot oder -brei die Ernährungsbasis. Früchte und wild wachsende Pflanzen ergänzten den Speisezettel.

[17]

In dieser Zeit erstanden erste Rezepttexte, allerdings ohne Zubereitungsanleitung. Als reine Zutatenlisten ohne Mengenangaben dienten sievor allem Berufsköchen als Gedächtnisstütze. Zubereitung und vorherrschende Geschmacksrichtung bleiben der eigenen Interpretation überlassen. Zu den bekanntesten Rezepttexten zählt die „Opsartytika".

Dichter und Verfasser landwirtschaftlicher Werke helfen dem Interessierten mehr. In ihren Texten erzählen sie von Ess- und Lebensgewohnheiten der Koloniestädte von Sizilien bis Asien.

Bereits damals trugen koloniale Produkte zur Erweiterung der Gaumenfreuden bei.

- *Fischkonserven* (Spanien und Sizilien)
- *Fischsoßen* (Spanien)
- *Heringe* (Gibraltar)
- *Thunfisch* (Schwarzes Meer)
- *Antilopenfleisch, Getreide und Früchte* (Ägypten)
- *Silpium und Pflaumen* (Damaskus)
- *Feigen* (Kleinasien)
- *Datteln* (Nordafrika)
- *Olivenöl* (Kreta)

Essen hatte sich längst Teil des „kultivierten Lebens" entwickelt.

> **Odysseus an der Festtafel des Alkinoos in Scheria:**
> „Ich behaupte, daß es kein angenehmeres Ziel gibt, als wenn Frohsinn ein gesamtes Volk erfüllt und die Gäste im Palaste einem Sänger lauschen, der Reihe nach sitzend, während die Tische voll Brod und Fleisch sind und der Mundschenk aus dem Mischkessel Wein schöpfend und herumtragend, die Becher vollschenkt: das dünkt mir im Herzen etwas Herrliches zu sein!"

Griechische Würze

Geschmacksträger:
Honig, Essig, aromatisierter Rotwein, fermentierte Fischsoße, frische und getrocknete Kräuter
Gewürze:
Salz, Essig, Thymian, Sesam, Kümmel, Wohlgemuth, Kresse, Lauch, Koriander, Kapern, Fenchel, Anis, Senf, Raute, Salbei und Silphion
Sehr beliebt:
Zwiebel und Knoblauch

Fisch und Meeresfrüchte

Frisch gefangene Sardellen oder Sprotten bildeten die Hauptnahrung der Küstenregionen.

Thunfisch kam in Byzanz und Athen günstig auf den Markt. Generell galten Fisch und Meeresfrüchte dank der hohen Fangmenge als Arme-Leute-Essen.

Gemüse

Häufig landeten Spargel, Artischocken, Lattich, Kohl und Pilze auf dem Tisch. Linsen-, Erbsenmus und Bohnen gehörten dabei zur klassischen Hausmannskost.

Brot, Fleisch und Käse

Brot in moderner Version kannten die antiken Griechen nicht. Als Basis gab es meistens Gerstenbrei. „Gerstenbrot" ernährte vor allem Bauern und Sklaven. Dieses wurde teils im Ofen gebacken, teils auf einen Spieß gesteckt und über offenem Feuer geröstet.

Platon in seinem Buche über den Staat: „Du weißt, daß Homer seine Helden im Felde weder mit Fischen bewirtet, während sie doch am Hellespont lagerten, noch mit gekochtem Fleisch, sondern nur mit Braten, was für Soldaten auch wohl am bequemsten ist; denn es ist doch allenthalben leichter, das Feuer selbst zu gebrauchen, als sich mit Kochgeschirr zu schleppen."

In alten, griechischen Geschichten verzehren Helden wie Homer das Fleisch von Rindern, Ziegen, Schafen und Wildtieren wie Hirschen. Sie häuten das erlegte Tier, schneiden es in Stücke und braten es über dem Feuer.

Dessert

Käse stellte, neben Getreidebrei, eines der wichtigsten Nahrungsmittel im antiken Griechenland dar. Auf ihn wollten nur die wenigsten verzichten!

Mit Ziegenkäse aus Sizilien und Achaia, Kastanien, Rosinen, Damaszenerdatteln, Oliven und attischen Feigen beendeten Griechen ihre Mahlzeiten. Ärmere Schichten hatten sich mit regionalem, saisonalem Obst zu begnügen.

Vegetarier

Nach wie vor denken viele, Vegetariertum sei etwas Modernes. Dabei gab es bereits im antiken Griechenland vegetarische Strömungen. Erste, historisch belegte Vegetarier gehörten dabei zur religiösen Bewegung der Orphiker.

Erstmals im 6. Jhdt. v.Chr. bezeugt, verzichteten sie auf Eier und allgemein übliche, rituelle Tieropfer. Sie glaubten an eine Seelenwanderungslehre und schätzten deshalb tierisches Leben höher ein als der durchschnittliche Grieche. Sie glaubten, blutige Opfer und Fleischverzehr würde ihnen ihre rituelle Reinheit nehmen. Aus diesem Grund wiesen sie Fleisch zurück.

Rezepte

Spartanische Blutsuppe / Μέλανας ζωμός

Zutaten:

1 kg Schweinenacken

2 Schweinefüßchen

2 Schweineohren

230 ml Olivenöl

3 mittelgroße Zwiebel

150 ml Rotweinessig

7 g Salz

3 Lorbeerblätter

1 gehäufter Teelöffel schwarzer Pfeffer

2,5 Liter Schweineblut (beim Fleischer kaufen)

Zubereitung:

Vermenge Schweineblut mit Rotweinessig. Lass den Essig dazu in dünnem Strahl in das Blut einfließen. Rühre dazu beständig um, sodass es nicht gerinnt. Diese Mischung stelle anschließend kühl!

Schneide Schweinepfötchen und –ohren rautenförmig ein. Gib sie zusammen mit dem Olivenöl in einen großen Kochtopf. Erwärme den Inhalt, bis die Schweinestücke goldgelb sind. Bei Bedarf – umrühren!

Schneide das Nackenfleisch zu größeren Stücken und hacke die Zwiebel. Gib beides in den Kochtopf. Rühre weiter, bis sich alles schön braun verfärbt.

Gib Pfeffer, Lorbeerblätter und Salz dazu. Streu vorsichtig das Mehl über die Zutaten und rühre es gut unter. Nimmt es leichten Goldfarbton an, lösche mit dem Roweinessig-Blutgemisch. Lass diese Mischung anschließend aufkochen.

Verringere die Temperatur und lass den Inhalt leicht köcheln. Dickt die Flüssigkeit ein, dann verdünne mit Wasser. Der Topfinhalt soll schließlich Suppe sein und kein Brei!

Nach ungefähr 2,5 Stunden ist die Suppe fast fertig. Entferne noch das Fleisch von den Schweinepfötchen und gib sie zur Suppe. Schneide sie dazu in kleine Stückchen.

Anmerkung und Empfehlung:

Für diese Suppe eignen sich auch Innereien wie Lunge, Milz oder Niere. Orangenschalen bieten sich als „Würze" an.

Diese Blutsuppe gehört zu den bekanntesten Gerichten Spartas. Im antiken Griechenland kamen meist Wild, Ziege, Schaf, Geflügel oder Rind auf den Speiseplan. Schweinefleisch hingegen kaum. Spartiaten gehörten zu den wenigen „Privilegierten", die täglich Fleisch zu sich nahmen.

Mit Spartas Untergang geriet auch dieses Rezept in Vergessenheit. Verwandt dazu sind die „Schwarze Suppe", „Schwarzsauer" oder „Swattsuer" aus Norddeutschland. Ihre Zubereitung hält sich eng an die spartanische Blutsuppe. Ähnliche Gerichte gibt es noch in Polen und Weißrussland – die Czernina.

Archestratos von Gela (um 330 v. Chr.)

Amia (Thunfisch):
Im Herbst, wenn die Plejaden am Horizont versinken, kannst Du Thunfisch auf jegliche Art zubereiten. Warum soll ich Dir darüber lange Vorträge halten, denn Du kannst kaum etwas falsch machen, selbst wenn Du wolltest. Aber wenn du trotzdem wissen willst, o Freund Moschos, auf welche Weise du am besten diesen Fisch auftragen kannst: in Feigenblättern mit nicht zu viel Origano.
Keinen Käse, keinen Schickschnack! Bette ihn einfach in die Feigenblätter und binde sie oben mit einer Binse zu. Dann bedecke ihn mit heißer Asche und erkenne in deinem Gemüt den rechten Augenblick, wenn er gar ist und nicht verbrannt.

RÖMISCHES REICH

Bis heute gilt das Römische Reich als Weltmacht der Antike, folgte früheren Großmächten wie Griechenland oder Ägypten. Größer als die aktuelle „Europäische Union", erstreckte es sich über ein weites Gebiet, mit einer Vielfalt an Kulturen und Nationen.

Roms Ausdehnung zu Zeiten Augustus:

Seit jeher hatten die Römer die Eigenheit neue Kulturen zu integrieren. Offen für neue Eindrücke übernahmen sie Eigenheiten, Kochkünste und selbst Götter fremder Kulturen. Wer Steuern zahlte, durfte frei und nach eigenen Wünschen leben. Diese Methode ermöglichte eine kulturelle Vielfalt, die bis heute ihresgleichen sucht!

Zu den besten Errungenschaften jener Zeit gehören alte, erhaltene Kochbücher der römischen Ära. Im Apicius-

Kochbuch „De re coquinaria" („Über die Kochkunst") bietet sich ein wunderbarer Einblick in die Küche der Cäsaren.

Erhaltene Rezepte verfügen über ausgeprägten, saisonalen Charakter. Fleisch gab es selten, Kräuter und Wildgemüse ergänzen frische Speisen. Ihre süß/pikanten Geschmackskombinationen ernährten Bauern wie Cäsaren.

Die Grundversorgung bildeten Gerste und Weizen. Saisonales Gemüse, Fleisch, Wild oder Fisch ließen sich zu einfachen oder äußerst komplexen Gerichten verarbeiten. Das große Imperium ermöglichte es, Zutaten aus aller Herren Länder an den Cäsarenhof zu importieren.

Gemüse
Blattkohl, Karotten, Rüben- und Retticharten,…

Gekocht und mit stark gewürzten Soßen übergossen, handelt es sich eher um lauwarme Salate. Wie Brei und Brot gehörten sie zur Basis der Ernährung.

Fleisch
Wild, Schwein oder Ziege

Kein Bankett kam ohne Fleisch aus. Verschiedene, pikante Soßen ertränkten das Fleisch, nahmen ihnen meist den Eigengeschmack.

Fisch und Meeresfrüchte
Kraken oder Schalentiere

Wie Fleisch ertranken auch Fische und Meeresfrüchte nahezu unter den Soßen. Gegrillt gehörten sie im Regelfall zur Grundnahrung der Küstenbewohner.

Milch und Käse

Je nach Region gab es vorrangig Schaf- oder Ziegenmilch. Vereinzelt kam Esel- oder Stutenmilch auf den Tisch. Kuhmilch hingegen gab es kaum!

Meist kam Milch als Koch- oder Backzutat in die Rezepte. Pure Milch versetzten sie mit Honig und Gewürzen. Reine Rohmilch blieb weitgehend den "barbarischen Völkern" vorbehalten.

Keinesfalls durfte Käse fehlen! Pur oder als Zutat für Rezepte blieb er nahezu unverzichtbar. Seine Beliebtheit erschuf den Beruf des Käsespions, der in allen Ecken des Reiches neue und unbekannte Köstlichkeiten aufspüren sollte.
Bei der Käseherstellung entstehende butyrum (Butter) galt als "Abfallprodukt". Nutzen fand Butter vorrangig bei der Behandlung von Schwellungen.

Ovum (Eier)

Besonders Hühnereier galten als unverzichtbar. Im ländlichen Raum verfügte nahezu jeder über Hennen, die die kostbaren Eier legten.

Bei Banketten und in wohlhabenderen Haushalten ergänzten Wachtel-, Straßen- oder Pfaueneier den Speiseplan. Eier ließen sich leicht zubereiten und mit verschiedenen Gewürzen und Kräutern verfeinern.

Einige Beispiele für Eiergerichte:
- *ova elixa* (weichgekochtes Ei)
- *ova duro* (hartgekochtes Ei)
- *ova frixa* (Spiegelei)
- *ova sfongia* (Omelett)

Das Sprichwort „ovo usque ad malum" (vom Ei zum Apfel) erinnert bis heute an die Speisefolge bei Banketten: Die Einleitung erfolgte mit Eiern!

Soßen und Gewürze

Gute Soßen gehörten zu den wichtigsten Eckpunkten am römischen Tisch. Sie trugen zeitgleich verschiedene Geschmacksrichtungen wie süß, salzig und würzig.

Geschmacksträger / Hauptbestandteile:
Honig, Gewürze, Kräuter und Garum / Liquamen
zur Verfeinerung:
eingedickter Traubensaft, Wein, Senf oder Olivenöl
Gewürze:
Silphion, Liebstöckel, Sellerie, Kreuzkümmel, Dill, Minze, Bohnenkraut, Lorbeerblätter, Pfeffer, Ingwer, ...

Gladiatoren – Superstars der Antike

Durchtrainiert, muskelgestählt und mit Sixpack am Bauch stellen sich viele einen Gladiator vor. Tatsächlich entsprachen sie eher Sumoringern.

Jeder im Ludus (Gladiatorenkaserne) hatte die Chance etwas zu erreichen. Sklaven bot sich die Möglichkeit, Ruhm und Freiheit zu erlangen. Freien Männern erschloss sich eine „angemessene" Erwerbsquelle.

Im Ludus waren sie einander gleichgestellte Kameraden. Sie unterwarfen sich vielfachen Einschränkungen, durften den Ludus nicht verlassen. Heirat blieb ihnen gänzlich untersagt. Als Schicksalsgemeinschaft verbrachten sie ihre Zeit zusammen, trainierten, lebten, aßen und nächtigten gemeinsam.

Vorrangig bestand ihre Kost aus Gerste, Bohnen und getrockneten Früchte. Ein Trunk aus pflanzlicher Asche sollte ihre Knochen stärken, sie kräftigen und regenerieren. Damit entspricht er in der Wirkung modernen, isotonischen Getränken!

Ihrer Ernährung haben sie jene Fettpolster zu verdanken, die die inneren Organe vor gegnerischen Hieben schützte.

Legionäre

In seinem Zenit lebten knapp 25 % der Weltbevölkerung unter römischer Herrschaft. Dieses immense Reich wollte verteidigt, beschützt und noch vergrößert werden.

Dienten die Gladiatoren vor allem der Unterhaltung, kümmerten sich Legionäre um die militärischen Interessen der Cäsaren. Bis in die fernsten Winkel des Reiches drang ihr Ruf, unbesiegbar zu sein.

Der Idealkandidat eines künftigen Legionärs sollte groß, robust und jung sein. Arbeitete er bereits als Handwerker oder Jäger bekam er bei der Bewerbung automatisch einen Bonuspunkt. Anwärter verpflichteten sich für 20 Jahre Mindestdienstzeit. Dafür erhielten sie ausgezeichnete Ausbildung, starke Ausbildung und nach Dienstzeit eine hervorragende Abfindung. Bis heute verfügt sie deswegen über einen ausgezeichneten Ruf!

Ständiges Training und Tagesmärsche mit bis zu 30 Kilometern schufen die Basis jener hervorragenden Armee.

Bis zu 10.000 Kalorien benötigte ein Legionär täglich! Besonders häufig stand „Puls" auf dem Speiseplan. Mit Knoblauch ließ sich das Immunsystem stimulieren und Datteln lieferten optimale Energie. Reichliche Naturalabgaben und Proviant stellten einen Teil seines Soldes dar!

Logistischer Meisterleistung und einem gut ausgebauten Straßennetz verdankte das Militär seine Versorgung. Ähnlich hohen Standard erreichte die Truppenversorgung erneut erst im 20. Jahrhundert.

In Centubernia (Wohngruppen) lebten sie zu jeweils 8 Mann zusammen. Ihren Alltag verbrachten sie als Gemeinschaft mit gemeinsamem Kochen, Waffenreinigen und Würfelspielen. Einer von ihnen fungierte als Gruppensprecher, der für die gesamte Centubernia Material anforderte und in Eigenregie verteilte.

Wöchentliche Ration für Legionäre:
Lammfleisch, Schweinefleisch, Rindfleisch, Ziegenfleisch, Reh, Hirsch, Schinken, Fischlake, Schmalz, Getreide, Öl, Käse, Speck und Zugaben (Brot, Salz, verschiedene Gewürze,…)

An Feiertagen, bei großen Siegen und Nahrungsüberschuß:
Spezialitäten und Delikatessen wie Spanferkel, erlesene Weine oder seltene Gewürze

Händler erkannten rasch die Vorteile einer Kaserne im näheren Umfeld. Einerseits ließ sich an Legionären gut verdienen, andererseits gab es keinen besseren Schutz als gut ausgebildete Soldaten!

So entstanden Gaststätten, Kantinen, Garküchen und weitere Möglichkeiten dem Soldaten den Sold aus der Tasche zu ziehen. Die Führungsspitzen brachte keinerlei Begeisterung dafür auf, obwohl sie diese gewähren ließ. Gaststätten dienten der Truppenmoral, indem sie Abwechslung in den sonst kargen, kulinarischen Alltag brachten.

Vermissten Legionäre ihre gewohnten, kulinarischen Genüsse griffen sie leicht auf ortsansässige Bauern zurück oder versorgten sich durch Eigenproduktion.

Im Lauf der Jahre entstanden speziell geschützte Wälle und Mauerbefestigungen. Diese „Villae rusticae" halfen dabei, die Truppen regulär zu versorgen.

Verkürzte Transportwege und militärische Absicherung, kombiniert mit wirtschaftlichem Denken halfen die Truppen regulär zu versorgen, ohne größere Risiken einzugehen.

Ihnen haben wir jenes bewundernswerte, gut ausgebaute römische Verkehrsnetz zu verdanken, dessen Spuren bis heute sichtbar sind.

Rezepte

Garum / Liquamen

Zutaten:

200 g Sardellenfilets

300 ml Weißwein

50 g Salz

20 getrocknete Steinpilze

20 g Zucker

10 g Oregano

Zubereitung:

Schneide die Steinpilze. Gib sie in einen ausreichend großen Behälter und füge den Weißwein dazu! Lass die Pilze eine Stunde im Wein ruhen.

Stell den Topf auf den Herd, gib die restlichen Zutaten dazu und lass alles 10 Minuten sanft köcheln. Nimm den Topf vom Herd und mix mit einem Pürierstab gut durch. Seih anschließend die Masse durch ein Sieb.

Füll zuletzt die Mischungen in Flaschen und stell sie kalt.

Anmerkung und Empfehlung:

Garum / Liquamen gehört zur alten, römischen Küche wie heutzutage Ketchup oder Maggi. Als gängige Würze unterstützte es einfache wie gehobene Küche. Es gibt nicht "DAS" Garum / Liquamen. Jeder mischte es etwas anders. In verschiedenen Originalrezepten finden sich auch Salz, Kräuter und komplette Fische (inklusive Blut und Eingeweiden).

Ähnlichkeiten zum klassischen Garum / Liquamen finden sich heute noch in den Fischsoßen in Vietnam (Nuoc mam) und Thailand (nam pla).

Cicer et Lenticula

Zutaten:

    1 Tasse rote Linsen
    1 große Zwiebel
    1 Dose Kichererbsen
    1 Tasse kleingeschnittene Karotten
    Olivenöl
    Garum / Liquamen (Fischsauce)
    Pfeffer
    Kreuzkümmel (Cumin)

Zubereitung:

Schäle und hacke die Zwiebel klein. Brate sie in reichlich Olivenöl an. Gib als nächstes die roten Linsen dazu und fülle mit 2 bis 3 Tassen Wasser auf. Stell den Topf auf den Ofen und lass sie kochen. Rühr zwischendurch um!

Nach 10 Minuten kommen die gewaschenen Kichererbsen und die Karotten dazu. Würze mit je einem gemahlenen Teelöffel Pfeffer und Kreuzkümmel.

Schmecke abschließend mit Garum / Liquamen ab.

Übersetzt heißt „Cicer et Lenticula" - Kichererbsen mit roten Linsen.

Sämiger bekommst du das Rezept, wenn du Garum / Liquamen durch Austernsauce ersetzt!

Puls (Grundrezept)

Zutaten:

1 Teil Emmer (Getreidesorte Zweikorn - Weizenart)
2 Teile Wasser

Zubereitung:

Gib Emmer und Wasser in einen Topf und bring sie zum Kochen. Dreh die Hitze zurück! Lass den Inhalt köcheln, bis das Getreide die gesamte Flüssigkeit aufgenommen hat.

Wichtig!
Der Brei sollte noch bissfest sein - höchstens „al dente"!

Anmerkung und Empfehlung:

Bis weit in die republikanische Epoche ist Puls als römisches Grundnahrungsmittel und Standardbeilage bei Mahlzeiten verbürgt. Sowohl Gladiatoren als auch Legionäre schätzten Puls aufgrund des hohen Nährwertes!

Hervorragend eignet sich die weiche Weizensorte Emmer. Salz dient hier als Würze! Wie gekochter Reis ist Puls vielseitig verwendbar. Mit Gewürzen und saisonalen Zutaten lässt er sich leicht vielfach variieren. Besonders häufig fanden sich

Lauch, Kohl, Kichererbsen und Hülsenfrüchte wie Fisolen oder Linsen als Zugabe.

Puls Gladiatorum

Zutaten:

1 Tasse Gerste (ganze Körner)
1 große Zwiebel
3 Zehen Knoblauch
1 Dose weiße Bohnen
Olivenöl
Garum / Liquamen (Fischsauce)
Pfeffer

Zubereitung:

Schäle und hacke die Zwiebel klein. Brate sie in reichlich Olivenöl an. Schäle die Knoblauchzehen, zerdrücke sie und brate sie mit. Gib jetzt die Gerstenkörner dazu und fülle mit 2 Tassen Wasser auf.

Rühr ab und zu um. Füge nach 15 Minuten die Bohnen (ohne Dosenwasser) dazu. Lass sie für 15 Minuten mitkochen. Würze mit Pfeffer.

Schmecke abschließend mit Garum / Liquamen ab.

Anmerkung und Empfehlung:

Dieses Rezept stammt von Galenus, dem bekannten Sport- und Wundarzt der Gladiatoren.

Panis Militaris

Zutaten:

1 kg geschrotete Dinkelkörner

0,5 L Wasser

Salz

Zubereitung:

Bedecke eine Feuerstelle mit flachen Ziegeln und entfache darauf ein Holzkohlefeuer.

Knete aus den Zutaten einen zähflüssigen Teig und forme daraus Fladen. Fege Glut und Asche von der vorgesehenen Backfläche, sobald die Ziegel heiß glühen. Gib darauf die vorgeformten Fladne und bedecke sie mit einer umgedrehten, flachen Tonschüssel.

Häufe darauf Glut und Asche und lass den Teig ausbacken.

Anmerkung und Empfehlung:

Übersetzt heißt „Panis Militaris" schlichtweg Militärbrot.

Weitere Möglichkeiten boten „panis militaris Mundus" (hier brauchte es Hefe) und "panis militaris castrensis" (ungesäuertes Fladenbrot mit langer Haltbarkeit).

Anfänglich trockneten die Römer den Brei, um ihn transportabler und leichter portionierbar zu machen. Vor dem Verzehr kochten sie ihn erneut mit Wasser auf. Auf langen Reisen bot sich diese Methode der Haltbarmachung an!

Erst durch die Neuheit der „gesäuerten Brote" endete das einstige „Breizeitalter" und boten bis dato unbekannte Möglichkeiten.

Bäcker verkauften verschiedenste Sorten Weiß- und Schwarzbrot. Rosinenbrot, Käsebrot, gesalzene und ungesalzene Brote sowie Gewürzbrote gab es in Hülle und Fülle.

Delikatessbrote wie „panis artopticus" grillten auf Spießen. Das „panis testaticus" wurde in irdenen Vasen hergestellt. Das „mustacei" (Mostbrötchen) ließ sich leicht am Feld erzeugen. Spezielle Opferbrote, das „libum" kamen in den Handel.

Lockeres kappadokische Brot und grobes kilikische Brot sowie verschiedenste Eigenkreationen ergänzten schließlich jene römische Brotkultur, die der heutigen deutschen Brotkultur in Nichts nachstand!

> **Cato der Ältere – Rezept für „panis depsticius (geknetetes Brot):**
> „Schütte Mehl in den Mörser, gieße langsam Wasser zu und knete gut durch; wenn du damit fertig bist, forme Laibe und backe sie sub testu (unter einer Schüssel)."

Bohnensuppe

Zutaten:

2 Zwiebeln
1 kleine Dose schwarze Oliven
1 Dose weiße Bohnen
Olivenöl
Honig
Thymian
Pfeffer
Oregano
Meersalz

Zubereitung:

Schäle und hacke die Zwiebel klein. Brate sie in reichlich Olivenöl an. Nehmen sie goldbraune Farbe an, gib Oliven und Bohnen dazu. Füll mit drei Tassen Wasser auf.

Lass den Inhalt auf kleiner Flamme für 15 Minuten lang köcheln. Zerstoße in einem Mörser je einen Teelöffel Pfeffer, Meersalz, Thymian und Oregano. Gib diese Mischung in die Suppe. Füge abschließend einen Esslöffel Honig hinzu. Warte noch 5 Minuten, bevor du die Suppe vom Herd nimmst und servierst.

Anmerkung und Empfehlung:

Der moderne Gaumen weiß erst mit dem würzig-süßen Geschmack nicht viel anzufangen. Als typisches Rezept für Gladiatoren ist die Suppe jedem Fitnesstreibenden zu empfehlen.

[39]

Moretum

Zutaten:

250 g harter Schafskäse
2 Knoblauchknollen
frischer Koriander, Weinraute und Selleriegrün
Weinessig
Olivenöl

Zubereitung:

Bröckle den Schafskäse in eine große Schale oder Schüssel.
Zerlege und schäle die Knoblauchzehen. Zerstoße sie in
einem Mörser und gib sie zum Schafskäse.
Füge Kräuter, Essig und Öl hinzu und mische alles gut
durch.

Forme aus der Masse kleine Kugeln.

Anmerkung und Empfehlung:

Die Reibschale Moretium gilt als Namensgeber für diese Art
„Frischkäse". Die Kräuter lassen sich auf vielfältige Art
variieren. Statt Koriander, Weinraute und Selleriegrün bietet
sich beispielsweise eine Kombination aus Schnittlauch,
Petersilie und Basilikum an. Was schmeckt, lässt sich
einmischen, gleich, ob Kräuter, geschnittene Gurkenstücke
oder zerkleinerte Nüsse.

Moretum gehörte selbst in den armen Haushalten zum
alltäglichen Essen. Gekühlt und mit Brot als Beilage sind diese
Kugeln eine vollwertige Mahlzeit!

Betas Minvtas et Praecoqviis

Zutaten:

150 g feste reife Marillen
150 g rote Rüben
1 kleine Zwiebel
1 Esslöffel Honig
1 Prise schwarzer, zerriebener Pfeffer
1 Prise Kümmel
frische Kräuter nach Wunsch
Olivenöl
Garum/ Liquamen

Zubereitung:

Enthäute zuerst die Marillen. Schäle als nächstes die roten Rüben. Halbiere beides und schneide sowohl Marillen als auch Rüben in Scheiben.

Schäle und hacke die Zwiebel klein. Brate sie in reichlich Olivenöl an. Gib Honig dazu und warte, bis er karamellisiert. Misch die Marillen und die Rüben dazu und lass sie für etwa 5 Minuten garen.

Mische abschließend noch Pfeffer, Kümmel und Kräuter unter.

Anmerkung und Empfehlung:

Übersetzt bedeutet „Betas Minvtas et Praecoqviis" einfach Rote Rüben mit Marillen.

Marillen und Rote Rüben sollten nach Geschmack sein. Die 5 Minuten Garzeit sind als Richtwert zu verstehen. Wer sie weicher haben möchte, kann sie dünner schneiden, aber auch länger garen. Wichtig dabei ist, sie nicht anbrennen zu lassen!

Cena cum Fungis

Zutaten:

    12 Eier
    350 g Steinpilze
    8 Sorten Kräuter nach Wahl
    je 1-2 Teelöffel Salz und Pfeffer
    Olivenöl für die Pfanne

Zubereitung:

Säubere und wasche die Zutaten. Würfle die Pilze grob, hacke die Kräuter und vermische alles gut miteinander. Schlage die Eier auf, verquirle sie und gib sie zum Pilz/Kräutermix.

Erhitze etwas Olivenöl in einer Pfanne und füge brate darin die Mischung gut an! Achte darauf, dass das Gericht nicht anbrennt!

Schmecke mit Salz und Pfeffer ab.

Anmerkung und Empfehlung:

Übersetzt bedeutet „Cena cum Fungis" Gericht mit Pilzen und ist einem Omelett sehr ähnlich.

Porros Maturos

Zutaten:

2 Stangen Lauch
Olivenöl
Meersalz
Garum/ Liquamen
Weinessig
Honig

Zubereitung:

Viertle den Lauch und schneide ihn in 3 cm lange Streifen. Koch die Lauchstreifen in einem Sud aus Wasser, Olivenöl und Meersalz für 15 Minuten. Gieße das Wasser ab und richte den Lauch auf einer Platte an.

Misch für die Soße je 2 Esslöffel Honig, Essig und Garum/ Liquamen mit 6 Esslöffel Olivenöl. Gib diese Soße über den angerichteten Lauch.

Anmerkung und Empfehlung:

Übersetzt bedeutet „Porros Matu" einfach nur gekochter Lauch.

Selbst wer Lauch nicht sonderlich mag, darf dank der Sauce zugreifen. Römische Soßen überdecken leicht den Eigengeschmack einer Speise.

MITTELALTER

Dekadenz, Bürokratie, Korruption, zunehmende religiöse Verschiebungen und die Anwerbung vieler nichtrömischer Soldaten, systemimmanente Mängel in Armee und Verwaltung und verschiedene Strömungen sorgten für den Zerfall des Römischen Reiches. Der Verfall begann langsam, einfallende barbarische Horden begünstigten allenfalls daraus folgende Entwicklungen.

Über Jahrhunderte hinweg hatte sich das Gesicht des ehemals mächtigen Imperiums stark verändert. Eine Völkerwanderung nie zuvor gekannten Ausmaßes setzte ein. Besonders in den Grenzregionen verschwammen als Erstes die Grenzen der Gesellschaft. Barbaren ließen sich nieder, Bauern schlossen sich fremden Völkern an. Neue Nahrungsmittel bereicherten den Speiseplan.

Ob Hunnen, Goten, Germanen oder andere Völker – Europa erschuf sich neu. Die Völkerwanderung griff tief und einschneidend in das bisherige, ethnische Gefüge ein, prägte es politisch, sozial und kulturell bis weit in das beginnende Mittelalter.

Das 6. Jahrhundert markiert einen neuerlichen Wendepunkt. Menschen ließen sich erneut nieder, Handelsrouten blühten erneut auf.

Übersicht der germanischen Reiche:

- 419–507
  Tolosanisches Reich
  der Westgoten in Aquitanien
- 507–711
  Zweites Reich der Westgoten in
  Spanien
- 493–553
  Reich der Ostgoten in Italien
- 429–534
  Reich der Vandalen in Nordafrika
- 443–534
  Reich der Burgunder
- ab 486
  Merowingisches Frankenreich
- 449–8./9. Jhdt.
  Angelsächsische Königreiche
- 568–774
  Reich der Langobarden

Mittelaltermärkte und –events geben allenfalls einen verklärten Blick auf die Realität jener Zeit. Das Mittelalter selber war weder so düster, wie es manche schildern, noch so hell und freundlich, wie verschiedene Veranstaltungen einem Glauben machen wollen.

Um jene Zeit besser zu verstehen, ist es notwendig, sich mit ihr auseinanderzusetzen.

Mit dem Zerfall des Römischen Reiches fielen Unmengen importierter Güter weg. Vielfach folgte eine Besinnung auf heimische Lebensmittel.

Je nach Region blieben unter anderem:
Ackerbohne, Apfel, Birne, Einkorn, Emmer, Erbse, Gerste, Gurke, Hafer, Hirse, Kichererbse, Kirsche, Knoblauch, Kohl, Kohlrabi, Lauch, Leinöl, Linse, Mangold, Melone, Karotten, Pastinake, Radieschen, Rettich, Roggen, Rüben, Sellerie, Spargel, Spinat, Weintrauben, Weizen sowie Zwiebeln

Wohlhabende übernahmen aus dem ehemaligen Römischen Reich die Eigenheit, Gericht zu überpfeffern und zu überwürzen. Wer es sich leisten konnte, ging äußerst großzügig mit Gewürzen um. Die meisten damaligen Rezepte sind für den modernen Gaumen ungenießbar.

Tischten Reiche und Adelige auf, kamen Unmengen an Fleisch und verschiedenste „Schaugerichte" zum Verzehr. Das Auge isst bekanntlich mit!

Färbung der Gerichte:

- Tiefschwarz - schwarzer Kirschsaft, zerriebenes Schwarzbrot oder geriebener Lebkuchen
- Gelb – Safran
- Grün – Spinat

- <u>Rot</u> –verschiedener Beerensäfte
- <u>Weiß</u> – Knochenmehl für weißeres Brot

Weitaus bescheidener fiel die alltägliche Küche aus. Hier kamen frische Kräuter, Wein, Essig und Honig zum Zug. Besonders gern griffen ärmere Bevölkerungsschichten zu heimischen Gewürzpflanzen des persönlichen Umfeldes.

Hoher Salzgehalt überdeckte die Schärfe und sorgte für Haltbarkeit. Daraus resultierte der Spitzname „Salzzeit" für das Hochmittelalter. Authentisch zubereitete Speisen schmecken nach modernen Maßstäben nahezu immer stark versalzen.

Originalrezepte finden sich in einem der ältesten erhaltenen deutschen Kochbücher: „daz buoch von guoter spise" aus dem Jahre 1345.
Darin enthaltene Kochrezepte dienten weniger der Alltagsküche als vielmehr verschiedenen Festmahlzeiten.

Erneut kehrten Breie als Grundnahrungsmittel quer durch die Schichten zurück. Getreidebreie und –grütze ersetzen den Puls des Römischen Reiches. Fleisch kam fast immer vom Hausschwein und Haushuhn.
Hinzu kamen verschiedene, kirchliche Vorschriften, die das Leben der Menschen regeln sollten. Dies galt besonders dem Essen!

Als Folge daraus entstand eine Unzahl leckerster, klösterlicher Kochrezepten, die kaum Wünsche offenließen. Fastenregeln ließen sich schließlich nach allen Regeln der Kunst biegen.

Kreuzzüge und Tempelritter

Nahrungsmangel und Bevölkerungsüberschuss mündeten in Eroberungsplänen in Richtung Osten. Dabei zeigt der erste christliche Kreuzzug zur Eroberung Palästinas deutlich, wie Nahrungsmangel das Leben entscheidend verändern kann. Spielen religiöse Komponenten mit, ist es nur eine Frage der Zeit, bis erneut Kriege und Konflikte ausbrechen.

Ein ausgezeichnetes Beispiel findet sich in den Kreuzzügen. Religion war ein Faktor, unzählige hungrige Mäuler zu stopfen der zweite Aspekt, weshalb es zu den Eroberungsfeldzügen tatsächlich kam.

- Sommer 1095
  Kaiser Alexios I. bat Papst Urban II. um Hilfe gegen ungläubige Heiden.
  Urban II. rief im Konzil in Clermont-Ferrand zum Kampf gegen die muslimischen Eroberer Jerusalems auf. Kurz darauf zogen fanatisierte Wanderprediger durch das Land und verbreiteten die Botschaft des Papstes.
- 1096
  Zehntausende Christen bereiteten sich darauf vor, Jerusalem zu befreien.
  Im April erreichten über 15.000 Personen Köln. Trotz versprochenen, kaiserlichen Schutzes fiel der Mob über die dort ansässigen, wohlhabenden Juden und Geldverleiher her. Zur Finanzierung des Kreuzzuges nahmen sie ihnen Geld und oft das Leben.

[48]

Sittenverrohung und Brutalität anderen gegenüber folgten.

Im Sommer stand der Mob vor der ungarischen Grenze. Die Masse aus mehr als 40.000 Menschen. Die meisten davon mittellos. Sie wollten Nahrung und Geld.

Rasch brachen sie ihr Versprechen dem ungarischen König Koloman gegenüber. Plünderten und mordeten erneut.

Kaiser Alexios I. versorgte diese „kriegerischen Pilger" mit Lebensmittel und eskortierte sie anschließend nach Konstantinopel. Gerade einmal 15.000 Teilnehmer erlebten das Ende dieses Kreuzzuges.

Die Bevölkerung des 11. Jahrhunderts litt an stetig steigender Bevölkerungsanzahl, Missernten und Seuchen. Die Primogenitur (Erbrecht des Erstgeborenen) verschärfte die Situation zusätzlich. Jüngeren Geschwistern fehlte oftmals das Auskommen. Wo es in der Heimat an Perspektiven mangelte, schielte der Einzelne schon einmal zu den Nachbarn. Kreuzzüge erschienen als lohnende Möglichkeiten Ruhm, Vermögen und Land zu erlangen.

Reichtum fand sich nur in wenigen Burgen. Dementsprechend gestaltete sich die Versorgung der Soldaten. Erhielten im Römischen Reich Legionäre fixe Tagessätze, musste sich in dieser Zeit der Kämpfer selbst um die Ernährung kümmern. Viele von ihnen nutzten dies als Vorwand für Raub und Plünderung auf Kosten der Zivilbevölkerung.

Trotz Verbote mit Androhung harter Konsequenzen ließen sich Plünderungen nicht gänzlich unterbinden. Dies galt umso mehr bei Personen aus kargeren Regionen, die zum ersten Mal in ihrem Leben wirtschaftlich, wohlhabende Gegenden sahen. Sie wollten ihren Anteil und schlemmten auf Kosten der ansässigen Bevölkerung. Hier halfen auch besonnene Stimmen von Kameraden wenig. Wie ein Insektenschwarm steckten sieeinander an, bis die ganze Meute über Bauern und Bürger herfiel.

Verständnis mittelalterlicher Heere

Einst gehörten römische Legionäre zu den bestausgebildetsten Soldaten. Ihre Art der Ausbildung übernahmen im Lauf der Zeit „barbarische" Völker wie die Germanen.

Dabei behielt der Fußsoldat nach wie vor seinen essenziellen Status. Mit den Jahren der Völkerwanderung veränderte sich dieser Umstand. Die Reiterei stieg auf, blieb dem „gemeinen" Soldat jedoch meist vorenthalten. In mittelalterlichen Heeren schließlich galt der Vorzug der Reiterei den Wohlhabenderen.

Dies änderte sich erneut mit der Entdeckung des Schwarzpulvers. Endlich hatte auch der einfache Soldat eine Chance gegen den gut gepanzerten Ritter auf seinem Streitross. Das Militär ging den nächsten Schritt in eine folgenreiche Zukunft.

Tempelritter

In diesem geistlichen Ritterorden verbanden Kleriker ihr religiöses Engagement mit weltlichem Rittertum. Bereit zum Kampf, dienten sie dem Ziel, Jesus Heimat für das Christentum zu erobern. Sie waren eine direkte Folge der Kreuzzüge und kombinierten Armut, Keuschheit und Gehorsam mit Pilgerschutz.

Das tatsächliche Gründungsdatum ist umstritten. Ursprünglich nannten sie sich „Papere Militie Christi" (Die armen Ritter Christi), änderten jedoch später den Namen in „Pauperes commilitones Christi templique Salomonici Christi" (Die arme Vereinigung Christi und des Tempels Salomon).

Ihr ständig wachsender Einfluss machte sie bald schon nahezu unantastbar. Einflussreiche Fürsprecher wie Bernhard von Clairviaux sorgtenfür Schutz. 1139 erfolgte schließlich die direkte Unterstellung unter den Papst.

In seiner Blüte wies der Orden an die 15.000 Mitglieder auf. Auf Dauer konnte dies nicht gut gehen. Im Lauf des 14. Jahrhunderts schließlich standen sie in direkter Konkurrenz zur weltlichen Herrschaft. Der Templerorden nahm Geld von Pilgern zur Aufbewahrung. Im Gegenzug übergaben sie ihnen Papiere, die einen Rechtsanspruch auf den entsprechenden Betrag gewährleistete. Dadurch gewährten sie den Reisenden bisher nicht gekannte Sicherheit.

1312 schließlich beendete der hoch verschuldete französische König Philipp IV. - der Schöne die Herrschaft der Tempelritter.

Um seine Schulden beim Orden zu tilgen und weiteres Vermögen an sich raffen zu können, wählte er einen grausamen Weg und beschuldigte die Tempelritter der Ketzerei und Sodomie.

Er ließ am 13. Oktober 1307 sämtliche Ordensmitglieder (in Frankreich) verhaften. Unter der Folter gestand der Großmeister des Ordens Jacques de Molay (1243-1314) den Vorwurf der Ketzerei vorwerfen. Am 22. März 1312 löste Papst Klemens V. den Orden endgültig auf.

Seine Mitglieder erreichten ein erstaunlich hohes Alter bei ausgezeichneter Gesundheit. Für das Hochmittelalter erreichten sie ein extrem hohes Greisenalter. Der Durchschnitt der Menschen lebte 25 bis 40 Jahre. Ein Tempelritter überschritt oftmals den 70. Geburtstag bei gutem geistigem und körperlichem Zustand.

Basierend auf den »Lateinischen Regel« von Benedikt von Nursia ernährten sie die Tempelritter nach strikten Ordensregeln. Viele beinhalteten Ernährungsweise und Hygiene. Dazu gehörten Händewaschen vor dem Essen, Sauberkeit im Refektorium sowie ausreichende Ausstattung mit Tischtüchern.

Vorwiegend ernährten sie sich von Fisch, Käse, Olivenöl und frischen Früchten. Höchstens dreimal die Woche gab es gegrilltes Fleisch.

Ihre Kost gestaltete sich fett- und kalorienarm. Dadurch blieben ihnen häufig Gicht, Fettleibigkeit, Diabetes und

Fettstoffwechselstörung erspart. Dafür enthielt sie ausreichende Mengen gesunder Omega-3-Fettsäuren. Früchte und Gemüse ergänzten den Speiseplan. Geringe Mengen, mit Aloe versetztem, Wein sorgten für antibakterielle Wirkung.

Im Vergleich dazu bestand die übliche Ernährung der Menschen aus Butter, Zwiebel, Speck, Rauchfleisch, Dörrobst und anderen saisonalen, jagdlichen und landwirtschaftlichen Produkten.

Gesunde Ernährung, unter religiösen Aspekten, verhalf ihnen zu langem, gesundem Leben.

Rezepte

Im Regelfall hatten sich Soldaten eigenständig zu verköstigen. Je nach Dicke des Geldbeutels kamen einfachere oder teurere Gerichte zum Verzehr.

Biersuppe

Zutaten:

125 g altbackenes Schwarzbrot
1 L dunkles Bier
0,5 Teelöffel Kümmel
1 Prise geriebener Ingwer
1 Prise Zimt
Butter und Süßungsmittel

Zubereitung:

Zerreisse oder zerschneide das Schwarzbrot in größere Stücke. Übergieße es mit Bier und lass es darin 30 Minuten aufweichen.
Koche es anschließend mit Kümmel, Ingwer und Zimt, bis sich das Brot völlig verrühren lässt. Streiche die Masse durch ein Sieb und erhitze sie erneut. Rühr anschließend die Butter unter und schmecke mit Zucker oder Honig ab.

Anmerkung und Empfehlung:

Kümmel kann im Geschmack sehr intensiv sein. Soll die Suppe dezenter schmecken, dann füg die Gewürze erst nach dem Durchstreifen dazu.

Getreidebrei

Zutaten:

1 Becher geschrotetes Getreide

1 Becher Wasser oder Milch

Zubereitung:

Koch das Getreide mit Wasser oder Milch kurz auf und lass
es anschließend quellen.

Anmerkung und Empfehlung:

Zu den gängigen Getreidesorten gehörten Roggen, Weizen,
Hirse, Hafer und Dinkel. Klein geschnittenes Obst oder Honig
passen hervorragend zu diesem Brei.

Lombardische Suppe

Zutaten:

500 g Karotten

50 g geriebener Käse

50 g Butter

1 Nelke

500 ml Fleischbrühe

Zimt/Safran

1 Zweig Thymian

Muskat

500 ml weißer Traubensaft

Salz und Pfeffer nach Bedarf

3 Eigelb

Zubereitung:

Putze und schneide die Karotten in dünne Stifte. Dünste sie in der Butter an. Gieß die Fleischbrühe dazu und lass es 15 Minuten lang kochen.

Im nächsten Schritt kommen Thymian, Salz und Pfeffer dazu. Sind die Karotten gar, wandern noch Käse, Gewürze, Traubensaft und das verquirlten Eigelb in den Topf. Lass die Suppe kurz aufwallen. Kochen sollte sie jetzt nicht mehr!

Serviere sie heiß und mit Schwarzbrot!

Anmerkung und Empfehlung:

Nach einem Rezept des Bartolomeo Scappi, dem Leibkoch von Papst Pius V.
Entnommen aus dem Kochbuch „Wie man eyn teutsches Mannsbild bey Kräfften hält".

Fleischbrühe

Zutaten:

Suppenknochen nach Vorhandensein
Wasser
Lauch, Karotten, Sellerie, Salz, Pfeffer und Gartenkräuter nach Vorhandensein

Zubereitung:

Gib sämtliche Zutaten in einen großen Topf und lass alles kräftig durchkochen.

[56]

Rechne dafür zumindest 30 Minuten Zeit ein! Gieße anschließend alles durch ein Sieb.

Anmerkung und Empfehlung:

Diese Basis eignet sich hervorragend für jegliches Rezept, in dem nach Fleischbrühe verlangt wird.
Nach gleicher Vorgehensweise lässt gesunde Hühnersuppe bei Grippe und Erkältung zubereiten.

Brotfladen

Zutaten:

450 g Roggenvollkornmehl
1 Teelöffel Salz
20 g Hefe
250 ml warmes Wasser
50 g Dinkel, Hirse oder Kleie
Schmalz zum Fetten

Zubereitung:

Löse als erstes die Hefe im Wasser auf. Vermenge die Flüssigkeit mit Mehl und Salz und knete alles gut durch. Als nächstes kommen die Körner dazu. Knete den Teig erneut, damit sich die Körner gut verteilen können.

Lass ihn 60 Minuten lang ruhen. Teile ihn anschließend in 6 bis 8 Portionen und forme Fladen daraus. Hilfreich ist dazu ein gutes Nudelholz.

Fette als nächstes eine Pfanne mit Schmalz ein und backe die Fladen darin. Sobald sie eine goldene Färbung annehmen sind sie fertig. Rechne mit annähernd 15 Minuten dafür.

Anmerkung und Empfehlung:

Die Fladen gehören regelmäßig gewendet. Achte auf die Hitze im Ofen. Je nach Ofenart kann die Backzeit kürzer oder länger werden.

Linsengericht

Zutaten:

500 g Linsen
750 ml kräftige Fleischbrühe
1 Bund Suppengrün
2 g Zwiebeln
50 g Butterschmalz
2 Esslöffel Mehl
Essig, Zucker, Pfeffer, Salz

Zubereitung:

Weiche die Linsen 12 Stunden in der Fleischbrühe ein und koche sie anschließend für 90 Minuten.

Putze und schneide in der Zwischenzeit das Suppengrün klein. Gib die kleingeschnittenen Teile in die Brühe und lass sie den Rest der Zeit mitkochen.

Brate als nächstes in einer Pfanne klein geschnittene Zwiebel zusammen mit den halbierten Knoblauchzehen an. Nehmen die Zwiebel braune Farbe an, stäube das Mehl drüber und schwitz alles gut an, bis sich das Mehl leicht bräunlich färbt.

Drücke die halbe Menge Linsen durch ein Sieb und gib sie in die Pfanne. Den daraus entstehenden Brei vermische mit den restlichen Linsen.

Lass alles zusammen aufkochen und schmecke mit Essig, Zucker, Salz und Pfeffer ab.

Anmerkung und Empfehlung:

Als Beilage bietet sich Brot an. Mit Frühlingszwiebel und verschiedenen Kräutern lässt sich dieses Rezept leicht variieren.

Bekannte, mittelalterliche Kochbücher:

- „daz buoch von guoter spise" aus dem Jahre 1345
- „Wie man eyn teutsches Mannsbild bey Kräfften hält"
- Klosterrezepte wie jene der Äbtissin „Hildegard von Bingen"

NEUZEIT

Das Schießpulver setzte in Taktik und Kriegsführung gänzlich neue Maßstäbe. Ähnliches galt auch der Ernährung von Söldnern und Soldaten.

Aus Amerika kamen neue Lebensmittel, die die Versorgung revolutionierten.

30jähriger Krieg
(23. Mai 1618 - 24. Oktober 1648)

Nach den Kreuzzügen kam im 17. Jahrhundert das nächste Schreckgespenst in Gestalt des 30 jährigen Krieges zu den Menschen in Europa.

Einerseits Religionskrieg, andererseits Konflikt um die Hegemonie im Heiligen Römischen Reich Deutscher Nation und in Europa stellte er die Menschen auf eine harte Probe.

Die habsburgischen Mächte Österreich und Spanien kämpften mit ihren Verbündeten gegen Frankreich, die Niederlande, Dänemark und Schweden.

- **23. Mai 1618** - Prager Fenstersturz
  Protestantische, böhmische Stände probten den Aufstand und richteten sich gegen die Rekatholisierungsversuche des böhmischen Königs aus dem Haus Habsburg.

- **1629** - Friede von Lübeck
  gescheitert
- **1635** - Friede von Prag
  gescheitert
- **1648** - Westfälischer Frieden
  gültig bis 1806
  In ihm erlangte die Machtbalance zwischen Kaiser
  und Reichsständen seine neue, gültige Ordnung.

Einem Weltuntergang gleich brach der Krieg über die
Bevölkerung ein. Nahezu 40 % der europäischen
Gesamtbevölkerung verloren dabei ihr Leben. In einigen
Gebieten überlebten gerade einmal 30 %. Entmenschlichung
bis zum Kannibalismus zeichnete ein düsteres Bild Europas.

Hungersnöte, Seuchen, verwüstete und entvölkerte
Landstriche, wirtschaftliche und soziale Verheerungen,
marodierende Horden, Plünderungen, gestohlenes Vieh,
vernichtete Ernten, angezündete Häuser, Epidemien,
Hungersnöte, Pest, Inquisition und vieles mehr brannten sich
als Trauma in das kollektive Gedächtnis nachfolgender
Generationen.

Söldner

Düstere und brutale Zeiten erforderten eine gänzlich neue Art
von Kämpfern.

Erster, militärischer Drill mit Musketen und Hellebarden
begann. Neue Kampfmanöver und Taktiken wurden
entwickelt.

Auf Dauer konnte es sich kein Landesherr leisten, Unmengen an Kämpfern zu verlieren. Stehende Heere wurden erneut zu wichtiger Ressource. Erneut zahlte das einfache Volk den Preis in Form hoher Steuern und großer Abgabenlast.

Zeitlich begrenzte Dienstzeiten mit Aussicht auf sicheres Einkommen und Beute lockte jene, die wirtschaftlicher Not entkommen oder Abenteuer erleben wollten.
Manche nutzten ihre Chance, einem vorbestimmten Leben zu entfliehen. Andere hofften auf reiche Kriegsbeute. Wer zur Waffe griff und in den Dienst eintrat, tauschte die bürgerliche Gerichtsbarkeit gegen Militärgerichte.

Die Gründe mochten verschieden sein, die Versprechungen blieben stets die Gleichen:
Regulärer Sold, ordentliche Verpflegung, eine ansprechende Uniform und die Erlaubnis Waffen zu tragen.

Bereits beim Drill und Erlernen des Kriegshandwerkes starben angehende Söldner. Weitaus mehr ließen am Schlachtfeld ihr Leben oder verschieden aufgrund fehlender, medizinischer Versorgung.

Versprochener Sold kam fast immer verspätet oder blieb vollends aus. Selbst an ordentlicher Verpflegung mangelte es.

Erneut wurden Städte in die Schuld genommen. Sie sollten die Gesamtsituation entschärfen und Söldner versorgen. Verweigerten sie sich, büßte wiederum die Bevölkerung, Plünderungen folgten.

Soldatenlied aus Wallensteins Lager:
Es leben die Soldaten,
der Bauer gibt den Braten,
der Winzer gibt den Most,
das ist Soldatenkost.
In Wäldern gehn wir pirschen
nach allen alten Hirschen
und bringen frank und frei
den Männern das Geweih.

Wir schmausen wie Dynasten,
und morgen heißt es fasten,
früh reich und abends bloß,
das ist Soldatenlos.

Zitat Wallenstein:
„Der Krieg ernährt den Krieg".

Tote aus Massengräbern zeigen ein düsteres Bild des damaligen Söldners. Unterernährt in Kindheit und Jugend, mit angeschlagenen Knochen durch endlose Märsche, schmerzhaften Entzündungen, Parasiten und oftmals kaum verheilten Verwundungen durchlebten sie bereits in jungen Jahren die Hölle. Dazu kamen noch Seuchen und Krankheiten wie die Syphilis in unterschiedlichen Entwicklungsstadien.

Zusammen forderten Hunger, Verletzungen, Erschöpfung und Seuchen ihren Tribut. Selbst in kampflosen Jahren kosteten diese Zustände ein gutes Drittel der angeworbenen Kämpfer.

[63]

Doch wie so oft lernten die Feldherren. Nach 1648 warb Kurfürst Friedrich Wilhelm von Brandenburg erfahrene, schwedische Soldaten aus Ausbilder an und setzte sie als Unteroffiziere ein. Sie lehrten Soldatendrill mit Handgriffen für Pikeniere und Musketiere sowie die korrekte Handhabung der Waffen in geschlossenen Verbänden. Geblieben ist davon vor allem der Ausspruch „Alter Schwede".

Enttäuschung folgte anfänglicher Begeisterung. Gebrochene Versprechen, Hunger und Krankheiten ließ Viele desertieren, in der Hoffnung, dadurch dem eingegangenen Vertrag zu entfliehen. Wurden flüchtige Söldner ergriffen, wartete auf sie die Todesstrafe durch Erhängen - zur Abschreckung anderer.

Die Heere brauchten Nachschub. Spielten anfänglich noch Konfession und Nationalität eine große Rolle, veränderte sich dieser Umstand im Lauf der Jahre. Schließlich erhielten gefangene Kämpfer die Möglichkeit, die eigene Haut zu retten. Sie mussten dafür nur die Seiten wechseln und sich dem Gegner anschließen.

Verpflegung

Heuschreckenschwärme gleich zogen die Heere durch die Lande. Vertragsbruch und fehlende, reguläre Versorgung brachte Söldner häufig dazu, zu plündern. Den meisten stand der eigene Magen näher als ein Sieg ihrer Herren.

Dies erkannte auch Louvois, der Kriegsminister Ludwig des XIV. Er forderte die Sicherstellung der täglichen Verpflegung im Wissen, nur gut versorgte Heere halfen dabei, Kriege zu gewinnen.

Unter seinem Kommando entstanden erste Magazine mit begrenzter Kapazität. Gemüse, Getränke, Eipulver mit Haltbarkeit von bis zu 6 Jahren und Fleischkonzentrate dienten dabei als Basis. Seine Vermutung bestätigte sich rasch. Ausreichende Versorgung erhöhte die Disziplin und verbesserte den Kampfwillen.

Die Kriegsführung passte sich diesen neuen Gegebenheiten an. Heere blieben bevorzugt im Nahbereich der Magazine. Sie wollten ihre Versorgung gesichert wissen. Erst Prinz Eugen von Savoyen wich von reiner Magazinverpflegung ab und richtete seine Kriegsführung nach den Verhältnissen. Es ermöglichte Flexibilität kombiniert mit gesichertem Zugang zur Verpflegung.

Tägliche Versorgung französischer Soldaten

- Infanteristen - 750 g Brot und 500 g Fleisch
- Kavalleristen – 1250 g Brot und 1000 g Fleisch

Ungewöhnlich hohe Fleischmengen dienten als Tauschmaterial und waren Teil des normalen Soldes!

Tägliche Versorgung preußischer Soldaten unter Friedrich dem Großen
1 kg Kommisbrot (aus grobem, ausgemahlenem Korn)
Die Differenz bekam er in Geld ausbezahlt. Davon hatte er sich selbsttätig zu verköstigen.

Mittags gab es manchmal Suppe aus der Soldatenküche, abends bekamen sie vereinzelt etwas Käse und Bier. Legten mehrere Männer zusammen, kamen Erbsen und Kartoffel auf den Speiseplan. Besonders wichtig war Branntwein! Der durchschnittliche, preußische Soldat lebte im Regelfall karg und mit magerer Kost versehen.

Versorgung Schweizer Soldaten

Nahezu „fürstliche" Versorgung erhielten Schweizer Soldaten. Unter ihrem Commissaire des Vivres (Proviantherren) standen Getreide, Milchprodukte, Gemüse, gedörrtes Obst, dürre Fische und Fleisch, Vieh, Geflügel und vieles mehr bereit. Im Gegensatz zu anderen Heeren sorgte die Schweiz nicht nur für ausreichende Mengen an Lebensmittel, sondern auch für Artikel des täglichen Bedarfs (Kohle, Terpentin, Arzneien,...).

> **Aus den Vorgaben eines Commissaire des Vivres:**
>
> « Es kommt gar oft / dass man an ort und end zeuhet / da man nichts zukauffen findet / oder der Feind die Proviant abschneidet / und sonst Mangel ist / und sich ein Soldat oft auch acht oder mehr tage mit Essenspeise versehen muss / als mit Saltz / Brot / Käss / Butter / dazu man ein eigens Büchslein machen last: dann Fleisch führet und währet nicht so lang alss Käss. Item / ein Soldat sol insonderheit mit einem Fläschlein voll Branntwein versehen

> seyn / und löschet eine Nusschale voll
> desselben oft besser den durst alss ein
> halb mass Wasser. Der Kriegssack aber sol
> von Leder seyn / und gross / damit man vil
> Proviant / iten Puller / Lunden / und
> Hemder drein thun / und vor dem Wasser
> bewahren möge.»

Die Priorität ausreichender Versorgung ist anhand des 30jährigen Krieges überdeutlich zu erkennen.

Feldherren späterer Kriege lernten aus den Problemen ihrer Vorgänger. Sie erkannten die Priorität eines vollen Magens für Kampfeswillen und –mut!

Nur ein voller Bauch gewinnt den Krieg!

Napoleons Armee - "Grande Armée"
1805- 1815

Emblem der Grande Armée

Bis heute gilt Napoleon als militärisches Ausnahmetalent. Unerwartete Taktiken, Neustrukturierungen innerhalb der Armee und politisch kluge Schachzüge brachten ihn nach oben, der Russland-Feldzug brach ihm schließlich das Genick!

Zu ihrer Zeit gehörte seine „Grande Armée" zu den weltbesten Armeen.

5. September 1798 – Wehrpflicht für alle unverheirateten Männer vom 20. bis zum 25. Lebensjahr

Dieser schicksalsträchtige Tag veränderte schlagartig das Leben. *Jährlich gab es weit mehr junge Männer, als nach dem Konskriptionsgesetz für den Wehrdienst eingezogen werden sollten.* Es gestaltete sich nahezu unmöglich, alle ausreichend auszurüsten und einzukleiden.

Zum vermutlich ersten Mal in der Geschichte sollte das Los entscheiden. Wer konnte, kaufte sich frei. Wem das nötige Kleingeld fehlte, fühlte sich naturgemäß benachteiligt und ungerecht behandelt. Als Folge desertierten immer mehr junge Männer, die den geforderten Preis nicht zahlen konnten. Fahnenflucht entwickelte sich zu einem immensen Problem.

Daraus resultierte die Konsequenz, Freiwillige länger zu verpflichten, sowie Ausländer (getrennt nach Nationalitäten) in „Fremdenregimentern" oder „Legionen" der Armee einzusetzen.

30. August 1805

Auf Anordnung Kaiser Napoleons I. erhielt die „L'Armée des côtes de l'Océan" die neue Bezeichnung „Grande Armée". Veteranen aus monarchischen Zeiten bildeten den Kern der neuen Armee. Sie sollten für Disziplin, Ordnung und Erlernen des (theoretischen) Kriegshandwerkes sorgen.

Napoleons „Grande Armée" brillierte in Kämpfen, operierte nahezu unabhängig von der jeweiligen Hauptarmee und versorgte sich zudem selbstständig. Bei Bedarf ließ sie sich leicht an verschiedenen Nebenkriegsschauplätzen einsetzen. Kaiser Napoleon gab lediglich allgemeine Ziele und eine Zeit vor. Um die Details hatten sich die Kommandanten selbst zu kümmern.

Kaiserliche Garde 1804–1809
Direkt nach seiner Thronbesteigung 1804 errichtete Napoleon die „Garde des Konvents" („garde constitutionnelle"). Sie rekrutierte sich aus ausgewählten Soldaten der gesamten Armee und Marine, die bestimmte Voraussetzungen zu erfüllen hatten:

- tadellose Führung in ihren bisherigen Einheiten
- Mindestgröße (zwischen 1,70 und 1,76 Meter, je nach Waffengattung)
- Eine bereits absolvierte Dienstzeit von zumindest sechs Jahren
- Die Teilnahme an mindestens zwei Feldzügen.

Strenge Disziplin und hohe Vorgaben glichen sich durch zahlreiche Sonderrechte aus.

- Jeder Soldat der Garde hatte zumindest den Sergeantenrang inne
- Doppelter Sold
- ein Rang höher eingestufter Dienstgrad als bei den Linientruppen
- nur die eigenen Kommandeure und der Kaiser durften ihnen Befehle erteilen

- Nach Ablauf der Dienstzeit hatten sie den Anspruch auf zivilen Staatsdienst und im Alter einen Platz in einem staatlichen Invalidenheim

<u>Veliten – drittes Bataillon der kaiserlichen Garde</u>
Als weitere Elite fanden sich unter Napoleons Führung die Veliten. Ursprünglich als Ausbildungseinheiten für Unteroffiziere ihren Dienst vorgesehen, erlernten ihre zukünftigen Mitglieder neben militärischer Ausbildung auch Lesen und Schreiben, Rechnen und Sport (Gymnastik). Für ergänzende Ausbildung in höherer Mathematik oder (technischem) Zeichnen übernahm der Staat die Hälfte der Kosten.
Nach erfolgreicher Ausbildung erhielten sie die Möglichkeit, bei der Garde unterzukommen oder bis zum regulären Ablauf der Dienstzeit als Leutnant in einem Linienregiment zu dienen.

<u>1811</u>
In den ersten sechs Wochen des Russlandfeldzuges verlor die Armee an die 140.000 Mann. Die meisten fielen durch Erschöpfung und Krankheit. An die 50.000 Mann desertierten.

Unbefestigten Landstraßen verhinderten rechtzeitigen Nachschub an Nahrung. Nachfolgende Versorgungstruppen schafften es nicht rechtzeitig zum Einsatzort. Es kam der Hunger in die Soldatenlager. Im gleichen Zeitraum verendeten Zehntausende Pferde durch Erschöpfung und Überanstrengung. Die Situation verschärfte sich zusehends!

Mehrmals traf General Barclay de Tolly mit der 1. russischen Armee Anstalten sich zu einer Schlacht zu stellen. Napoleons Truppen zogen sich zusammen. Dies kam einer weiteren Verschlechterung gleich. Schlussendlich sah sich die französische Armee gezwungen, bis dahin unberührtes Gebiet zur Requirierung heranzuziehen.

Napoleon folgte der der russischen Armee bis tief hinein ins riesige Zarenreich. Es mangelte an allem, zumal die russische Armee die Politik der „verbrannten Erde" betrieb. Sie zerstörte alles Brauchbare, nur, um es nicht dem Gegner zu überlassen.

Am 14. September marschierte schließlich die Grande Armée mit gerade noch 90.000 Mann in Moskau ein. Seinen Einzug in den Kreml hatte sich Napoleon sichtlich anders vorgestellt. Als endlich Verstärkungen eintraf, hatte die „Grande Armée" ihren Vorteil der Stärke längst eingebüßt.

Fortgeschrittene Jahreszeit sowie schlechte Versorgungslage der französischen Hauptarmee zwangen Napoleon am 19. Oktober zum Rückzug. Hinzu kam permanenter Druck russischer Truppen auf die weichende „Grande Armée".

Lebensmittelmangel, einsetzender Schneefall und sinkende Temperaturen verschärften die Situation weiter. Pferde brachen entkräftet zusammen. Fuhrwerke und Geschütze blieben stehen. Immer mehr Soldaten warfen ihre Waffen weg, während sich die Disziplin immer mehr in Nichts auflöste. Frankreichs Soldaten erhielten keinerlei Möglichkeit zu ausreichender Regeneration.

Vor ganz ähnlichen Problemen stand auch die russische Armee. Um Frankreich weiter unter Druck zu setzen, mussten sie selbst auf Erholung verzichten und ständig unter freiem Himmel schlafen.

Am 9. November erreichte Napoleon mit gerade einmal 60.000 Mann die Magazine in Smolensk. Nicht einmal 40.000 unter ihnen verfügten noch über Waffen!

Auf dem Weg zwischen dem Beresina-Übergang bei Studjanka und der russischen Grenze löste sich die Grande Armée auf. Der Rückzug geriet zur ungeordneten Flucht.

1813

Zwischen Juni 1812 und Mitte Januar 1813 hatte die Grande Armée über eine halbe Million Soldaten, 200.000 Pferde, 1000 Geschütze und an die 25.000 Armeefuhrwerke verloren.

Kaum zurück in Frankreich, stellte Napoleon eine neue Armee auf. Am 10. Januar 1813 setzte er einen Senatsbeschluss durch, der es ihm ermöglichte, weitere 350.000 junge Männer einzuziehen.

Aus den Resten der in Russland untergegangenen „Grande Armée" bildete er vier neue Divisionen und beorderte die dabei nicht verwendeten Soldaten und die an Sammelpunkten wiedervereinten Nachzügler zurück nach Frankreich. Sie sollten die Basis und das Rückgrat der neuen Armee stellen. Binnen weniger Monate verfügte Napoleon erneut über mehr als 750.000 Mann.

Lange, anstrengende Märsche, mangelhafte Ernährung, verbunden mit ständiger Überanstrengung verlor er viele Neuzugänge. Schlichte Erschöpfung führte zur hohen Sterblichkeit und oftmals noch im Wachstum befindlicher Burschen von höchstens 20 Jahren verstarben.

Davon ließ er sich nicht aufhalten und erhielt vom Senat die Erlaubnis weitere 660.000 weitere Männer einzuziehen. Frankreich reagierte auf die erneute Forderung empört. Über 160.000 junge Männer entzogen sich ihrer Einberufung durch Flucht in die Wälder oder zogen mit falschen Namen zu entfernten Verwandten. Ganze Bataillone waren allein damit beschäftigt, die „réfractaires" zu finden!

1814
Selbst erheblicher Zuzug neuer Rekruten konnte Napoleons große Verluste nicht entsprechend ausgleichen. Oft fehlten für Neuzugänge Waffen und selbst Uniformen. Allmählich machte sich auch der Mangel an Zulieferung aus anderen Ländern deutlich bemerkbar.

1815
Napoleons Niederlage bei Waterloo besiegelte endgültig sein Schicksal.

Logistik

Mit Beginn seiner Feldzüge requirierte Napoleon 1.000 vierspännige Wagen für den Lebensmitteltransport. Bereits in Ostfrankreich begannen die Truppen, eigenmächtig Fuhrwerke von Bauernhöfen zu beschlagnahmen.

1805 erhielt die Aufgabe für Nachschubgüter zu sorgen die private Speditionsfirma „Compagnie Breidt". Allerdings vermochte diese bis zur Schlacht bei Austerlitz kaum mehr als 160 Transportfahrzeuge bereitzustellen. Gravierende Versorgungsprobleme begannen im dünn besiedelten Mähren.

Ausreichende Versorgung stellte selbst Kaiser Napoleon vor gravierende Probleme. Schrittweise ließ er schließlich große Magazine in den Herzogtümern Warschau und Danzig, sowie im östlichen Preußen anlegen.

Wie viele seiner Vorgänger scheiterte auch Napoleon an mangelnder Versorgung.

Ernährung

Im Quartier ließ sich gut speisen, eine Wirtsfamilie konnte für die Versorgung bezahlt werden. Im Feld hingegen regierte oft genug der Hunger!

Gleich dem Römischen Reich standen auch hier gemeinsames Kochen und Essen in Form einer Tischgemeinschaft an der Tagesordnung. Kochen zu können galt als Tugend, als Fähigkeit, die selbst im Unterricht der Korporäle an oberster Stelle stand.

Dieser Thematik widmete sich ein ganzes Kapitel in den Handbüchern der Unteroffiziere und Korporäle!

**Handbuch
für Unteroffiziere und Corporäle
der Infanterie -
Inbegriff aller Vorschriften und
Gebräuche, deren Kenntniß ihnen
unentbehrlich ist.":**

"Von der Suppe.
§ 4. F. Was wird erfordert um sie gut zu
machen?

A. Nur einige Tage Übung.

Wenn man nach dem Beyspiele der
polytechnischen Schule und einiger
Garnisonen, die Knochen, statt sie
verderben zu lassen, benutzen wollte,
würde man, nach der Weise des Herrn
Cadet, auf folgende Art verfahren.

Man sammelt die Knochen, die man den
Tag zuvor mit Rind- oder anderem Fleische
gekocht hat, oder auch nur Knochen, die
man nicht in den Fleischtopf legt; man
zerstoßt sie in einem dazu bestimmten
Mörser: sind sie zu Teig geworden, so legt
man diesen in eine Art blecherner
Casserolle, die wie ein Schaumlöffel
durchlöchert ist, drückt ihn in einen vollen

Hafen, fängt an zu kochen, wie man die Suppe mit Fleisch kocht. Ein Pfund zerstoßener Knochen, in vier Maß Wasser gekocht (das heißt, in so vielem Wasser, als man zu vier Pfund Fleisch braucht), wird nach einem sechsstündigen, gleichförmigen, gelinden Sieden etwas weniger als vier Maß Brühe geben, die aus dem Knochen ein halb Pfund nahrhafter Säfte ausgezogen haben wird. Auf dieser Brühe, wenn sie erkaltet, wird sich ein bis zwei Unzen schweres Fett ansetzen, das man zum Gemüse gebrauchen kann. Das Gewicht der Knochen wird um die Hälfte geringer, und die erhaltene Brühe in gleichem Maße seyn mit jener, die man von vier Pfund Fleisch erhalten hätte."

95th Regiment of Foot

Als erster Verband der britischen Armee trugen die „95th Regiment of Foot" dunkelgrüne, statt farbenfroher Röcke. Gut ausgebildete Scharfschützen, permanent im Training mit scharfer Munition und selbstständig agierend, machten nicht nur Napoleon das Leben schwer.

1755
Im siebenjährigen Krieg trafen in den Wäldern von Ohio Redcoats (unter Führung von General Braddock) auf Bluecoats (unter der Führung von Washington). Eine kleine Einheit Franzosen mit indianischen Verbündeten rieb sie auf.

1776
Das 60th Royal American Regiment (60. Königliche amerikanische Regiment) wurde ins Leben gerufen. Es sollte mit den örtlichen, waldreichen Umständen besser zurecht kommen.

1795
Erstmals dienten grün gekleidete, britische Truppen mit leichter Bewaffnung in England und Irland als Riflemen.

1797- 1805
Die Französischen Revolution veränderte das Gesicht und die politische Situation Europas gravierend. Es erklangen Rufe nach besseren und spezialisierten Truppen.
Großbritannien warb Ausländer (Deutsche und andere Europäer) für sein neu entstandenes Bataillon an.

Grüne Jacken, blaue Hosen und das Baker Rifle gaben ihnen markantes Aussehen. Sie sollten eigenständig denken und selbsttätig Initiative ergreifen. Oberst Baron de Rottenburg entwickelte ein Trainingshandbuch und Regelungen für seine Riflemen und andere leichte Truppen.

Erste Kamferfahrungen sammelten sie in 1800 in Feldübungen bei Manningham. 1801 kämpften sie als Schützen an Bord von Nelsons Flaggschiff beim Angriff auf Kopenhagen. Dort verdienten sie sich erste Sporen und erhielten die Bezeichnung „Elitetruppe" erhielten. 1803 trainierten sie gemeinsam mit der neu gebildeten 43. und 52. Light Infantry Regiments unter der Leitung von Sir John Moore und Coote-Manning in Shorncliffe in Kent.

1808
Unter dem Kommando von Sir Arthur Wellesley krachten sie mehrmals mit französischen Truppen zusammen. Dank der ausgezeichneten Wirkung ihrer Baker Rifle, überwältigender Leistung und hervorragenden Trainings erlangten sie rasch den Ruf, gnadenlos und furchtbar zu sein.

1810
Im Februar trafen sie in Barba Del Puerco erneut auf französische Einheiten.

Schwere Regenfälle und die Lautstärke des nahen Flusses ausnutzend, griff General Ferey mit nahezu 3.000 Mann die vollständig überraschten 200 Mann der Rifles an. Erst viel zu spät bemerkten sie die Angreifer. Verbissen kämpfend zogen sie sich nur langsam auf den steilen Felsen zurück.

Hervorbrechendes Mondlicht erleuchtete das Schlachtfeld und brachte die weißen Kreuzgurte der französischen Mäntel zum Leuchten. Dagegen verschmolzen die 95th mit ihren dunklen Uniformen und Ausrüstung regelrecht mit der Umgebung.

In dieser Schlacht begründete sich der Anspruch eines Eliteregiments für die 95th. 3 Kompanien mit knapp 150 Gewehren besiegten 600 französische Voltigeure und Grenadiere. 23 Opfer der 95th standen weit 100 getötete und verwundete Franzosen gegenüber.

Ernährungssituation

Als tägliche Versorgung galten für den britischen Soldaten zu Napoleons Zeit:

- 1,5 Pfund Brot oder Mehl, oder 1 Pfund Hardtack
- 1 Pfund Rindfleisch oder 0,5 Pfund Schweinefleisch
- 0,25 Pint getrocknete Erbsen
- 1 Unze Käse oder Butter
- 1 Unze Reis
- 5 Pint kleines Bier, 1 Pint Wein oder 0,5 Pint Spirituosen

Vom zugeteilten Fleisch blieb nur wenig übrig. Gekocht und entbeint wog es vielleicht noch die Hälfte. Je mehr Knochen in der Ration steckten, umso weniger blieb dem Soldaten an reinem Fleisch für den Verzehr. Bald entwickelte sich die Praxis des „Messing" unter Soldaten. Darin bündelten sie ihre Rationen und teilten sie vernünftiger untereinander auf.

Zur Aufbesserung ihrer Rationen kauften sie oft lokale Produkte oder nahmen mit, was sie am Straßenrand fanden. Selbst Eicheln oder Blätter von Baumen landeten in ihren Kochtöpfen.

Bekamen sie tatsächlich einmal die ganzen Rationen, fehlte häufig das Heizmaterial zum Kochen der Nahrung. Also plünderten sie verlassene Häuser, sammelten Feldstoppeln oder trockene Äste und Gras.

Statt Brot gab es häufig Hardtack. Schimmlig und von Maden wimmelnd, verzichteten sie lieber auf ihre Ration. Vielfach waren ausgegebene Hardtack derart hart, dass sie mit der Ferse eines Schuhes oder eines Hammers gebrochen werden mussten.

Soldaten im Auslandseinsatz bekamen ihre Rationen vom „Board of Ordnance" nachgeschickt. Mangelhafte Beaufsichtigung und Kontrolle zogen verschiedenste Beschwerden mit sich. Bedrohte ernsthafte Nahrungsmittelknappheit die Schlagkraft der Truppen griff das Kommissariat (eine zentrale Versorgungsagentur) ein.

Gewissenhafte Befehlshaber inspizierten sorgfältig das gekaufte Essen und schritten bei erkannten Mängeln ein.

1854 – 1856
Erschreckend schnell brach die notwendige Nahrungsmittelversorgungskette im Krimkrieg ab. Die Kommissariate vermochten kaum mit den Lieferungen

nachzukommen. Anstelle gewohnter Brotrationen traten häufig nahezu ungenießbare Hardtacks.

Bisweilen schielten die Briten neidisch zu ihren französischen Gegnern. Mussten sie selbst darben, genoss der Franzose seinen täglichen, heißen Kaffee aus ungerösteten, grünen Kaffeebohnen. Als Teil des „Provisioning Systems" versorgten sie Frauen durch Kantinenessen (Cantinieres oder Vivandieres).

Nur langsam entstanden zog Großbritannien nach. Schuf gleichfalls für seine Soldaten Kantinen, die den harten Krimwinter halbwegs erträglich machten.

Mit der Erfindung des „Soyer's Magic Stove" besserten sich die Lebensumstände gravierend. Erfinder jenes Kraftstoff sparenden Herdes war der berühmte, französische Koch Alexis Soyer. Er nahm sich der Cateringproblematik an.

1885 eröffnete die erste Armee-Koch-Schule für freiwillige Teilnehmer.

> **Letzter Vers und Chor von 'Tommy', from Rudyard Kipling's Barrack Room Ballads (1890):**
> *You talk o' better food for us, an' schools, an' fires, an' all:*
> *We'll wait for extry rations if you treat us rational.*
> *Don't mess about with the cook-room*

slops, but prove it to our face
The Widow's uniform is not the
soldierman's disgrace.
For it's Tommy this, an' Tommy that,
an`Chuck him out, the brute!"
But it's "Saviour of 'is country" when the
guns begin to shoot;
An' it's Tommy this, an' Tommy that, an'
anything you please;
An' Tommy ain't a blooming fool-you bet
that Tommy sees!

Rezepte

Bratwürst der Schierlinger Gennßhenkher

Zutaten:

600 g Schweinefleisch
300 g Rindfleisch
100 g Speck

15 - 20g Salz, je nach Geschmack
3 g Pfeffer
je 1 g Kümmel, Muskat, Koriander

Zubereitung:

Dreh Fleisch und Speck durch den Fleischwolf. Gib die
Gewürze dazu und knete die Masse gut durch. Fülle sie
anschließend in Saitlinge (Dünndarm von Schafen). Gib sie
in brühendes Wasser und brühe sie darin.
Das Wasser sollte nicht über 70 Grad Celsius kommen,
sonst können die Würsteln aufplatzen.

Sind sie fertig, dann gehören sie auf den Grill.

Anmerkung und Empfehlung:

Dieses Wurstrezept stammt aus der Zeit des Dreißigjährigen
Krieges.

Mit verschiedenen Gewürzen lassen sich die
unterschiedlichsten Würste zubereiten.

Graue Erbsen (Kapuzinererbsen)

Zutaten:

250 g getrocknete Erbsen

2 große Zwiebeln

Speck zum Anbraten

2 Scheiben geräucherte Schweinebacke (kann durch Räucherspeck ersetzt werden)

Kartoffeln

Wurst nach Geschmack (z.B. Pinkel)

ein Becher Sahne

Zubereitung:

Weiche die Erbsen über Nacht ein. Setze sie am nächsten Morgen mit frischem Wasser auf. Sei den Schaum nach dem Aufkochen ab.

Brate in der Zwischenzeit Zwiebeln und Speck in Butter an. Gib die vorgekochten Erbsen und die (aufgeschnittene) Schweinebacke dazu. Je länger sie mit der Schweinebacke zusammen kochen, umso besser schmeckt die Suppe.

Gib zuletzt noch kleingewürfelte vorgekochte Kartoffeln und Wurst, sowie Sahne dazu. Lass den Eintopf aufkochen und serviere mit Schwarzbrot.

Anmerkung und Empfehlung:

Die Graufärbung der Erbsen kommt durch die zugefügte Sahne.

Das Rezept entspricht eher dem Original, wenn mit Brot statt mit Kartoffeln angedickt wird.

Dieses Rezept stammt aus der bäuerlichen Küche. Es musste den ganzen Tag langen und wurde meist zum Frühstück gegessen.

<u>Schupfnudeln</u>

Zutaten:

    1 kg gekochte Kartoffeln vom Vortag
    250 g Mehl
    Salz nach Bedarf
    2 EL Sauerrahm
    Butterschmalz nach Bedarf

Zubereitung:

Drücke die Kartoffel durch eine Kartoffelpresse. Vermenge sie mit den übrigen Zutagen zu einem gleichmässigen Teig. Rolle auf einem bemehlten Brett fingerlange Nudeln und brate sie anschließend in reichlich heißem Fett goldgelb.

Anmerkung und Empfehlung:

Bereits Landsknechte des 30jährigen Krieges formten aus zugeteilten Mehlration und Wasser längliche Nudeln und bereiteten sie anschließend zu. Mit der Verbreitung der Kartoffel ließ sich dieses Rezept schließlich gut erweitern.

Poulet Marengo

Zutaten:

1 frisches Hähnchen, ausgenommen in 8 Teile zerlegt
600 g festfleischige Tomaten
300 g geputzte Champignons
200 g frische, geschälte Perlzwiebeln
300 g nicht zu kleine Garnelen
2 Knoblauchzehen
Saft einer Zitrone
4 Eier
125 ml trockener Weißwein
125 ml Hühnerbrühe
1/2 Tasse Olivenöl
80 g Butter
1 kleines Bund Basilikum
1 Bund glattblättrige Petersilie
Toastbrot oder Baguette als Beilage
Salz
Pfeffer

Zubereitung:

Würze zuerst das Hähnchen mit Salz und Pfeffer und brate es anschließend im Olivenöl gut an, bis es Farbe annimmt. Gib die Stücke aus der Pfanne in ein feuerfestes Gefäß.

Häute und befreie die Tomaten vom inneren, kernigen Fleisch. Schneide sie in grobe Stücke und gib sie zum Hähnchen. Zerdrücke die Knoblauchzehen und streue sie über das Fleisch.

Übergieße die Zutaten mit Wein und Hühnerbrühe. Stell die Backform für 40-45 Minuten in den vorgeheizten Backofen.

Nutze die Zwischenzeit. Schwenke Pilze und Perlzwiebel im Bratensaft und würze mit Salz, Pfeffer und Zitronensaft. Darin lässt sich wunderbar das Gemüse garen.

Würze die Garnelen Salz, Pfeffer und Zitrone in Knoblauchöl. Schlage die Eier auf und verquirle sie. Salze sie leicht und lass sie in einer Butterpfanne zu einem saftigem Rührei stocken.

Übergieße nach Ende der Garzeit das Hühnchen mit der Bratensauce, bestreue alles mit fein gehackter Petersilie und setze das Rührei obenauf.

Arrangiere die gebratenen Garnelen rundum und streue in Streifen geschnittene Basilikumblätter darüber.

Anmerkung und Empfehlung:

Übersetzt bedeutet „Poulet Marengo" einfach nur Hähnchen Marengo.

Als Beilage passen Weißbrot, Baguette, Kartoffel und Reis. Einer Legende nach soll Napoleon dieses Gericht sehr gemocht haben.

11.000 Gefallenen wurden vergessen, das Gericht „Poulet Marengo" blieb in Erinnerung.

Schweinskopf gekocht

Zutaten:

1 Schweinskopf
kleingeschnittene, gekochte Kartoffel nach Wunsch
Wasser

Zubereitung:

Säubere einen Schweinskopf. Koche ihn so lange, bis das
Fleisch vom Knochen fällt.
Schneide es anschließend klein und mische es unter die
Kartoffel.

Anmerkung und Empfehlung:

Dieses Rezept stammt Johann Jakob Röhrig, sergent-
major der Voltigeure im 150e régiment d'infanterie de
ligne berichtet (S. 103 f.) vom Rückzug nach der Schlacht bei
Leipzig, Ende Oktober 1813

Kaffee

Zutaten:

Kaffeebohnen nach Vorhandensein
Wasser

Zubereitung:

Zerschlage die Bohnen mit einem Gewehrkolben oder
Hammer. Setze einen Teller mit Wasser auf das Feuer.
Schütte darauf die zerstoßenen Bohnen und lass sie

mitkochen.

Sobald es nach Kaffee duftet, ist er fertig.

Anmerkung und Empfehlung:

Wie bei vielen anderen „Kriegsrezepten" sind
Mengenangaben variabel. In den Topf wanderte, was greifbar
war. Dies gilt auch für einfache Kaffeerezepte!

Pain de munition - das französische Militärbrot.

Zutaten:

    300 g Vollkorn-Weizenmehl

    120 g normales weißes Weizenmehl

    140 g Roggenmehl

    310 ml Wasser

    2 g Salz

Zubereitung:

Setze als erstes den Sauerteig an. Vermische dazu 200 g
Mehl mit 100 ml Wasser. Knete den Teig gut durch und
lass ihn bei ungefähr 27 Grad Celsius ruhen. Sobald sich
das Volumen verdoppelt hat, ist er bereit zum
Verarbeiten.

Vermenge den fertigen Sauerteig den restlichen Zutaten.
Knete erneut alles gut durch. Es sollte dabei ein glatter,
geschmeidiger Teig entstehen. Forme aus diesem ein
kreisförmiges Brot.

Lasse den Teig weitere 30 Minuten ruhen. Backe anschließend das Brot anschließend bei 200 Grad Celsius.

Weist die Kruste eine goldbraune Färbung auf, dann ist das Brot fertig.

Anmerkung und Empfehlung:

Im Idealfall verfügt es über einen Durchmesser von 27 cm und eine Höhe von 8 cm.

Diese Ausmaße entsprechen den Abmessungen des dafür vorgesehenen Faches im Tornister der Soldaten.

20. JAHRHUNDERT

Unbändiger Forschungsdrang und die Erfordernisse
wirtschaftlicher sowie militärischer Gegebenheiten
ermöglichten immer schnellere technische Entwicklungen.
Dies galt nicht nur der Bewaffnung, sondern ebenso Material
und insbesondere haltbare Nahrung!

1. Weltkrieg
(28. Juli 1914 – 11. November 1918)

Nie zuvor starben so viele Menschen binnen kurzer Zeit in
einem Konflikt. Unfassbare 70 Millionen Soldaten standen im
Einsatz.Weit über 16 Millionen Tote und das Einbeziehen
verschiedener Kontinente (Europa, Afrika, dem Nahen Osten,
Asien und selbst Amerika) machte ihn zu einem wahren
„Weltkrieg".

1914
Nach dem Attentat von Sarajevo, erklärte Österreich-Ungarn
Serbien den Krieg. Wenig später fanden sich die Mittelmächte
Deutschland und Österreich-Ungarn im Kampf gegen die
verbündeten Entente-Staaten Frankreich, Großbritannien und
Russland.
Wenige Monate reichten aus, um immer mehr Nationen und
Staaten zur Teilnahme zu bewegen.

1918
Der Waffenstillstand von Compiègne beendete das Gemetzel.

Vertraute Kampfsituationen „Mann gegen Mann"
veränderten im beginnenden 20. Jhdt. das reale Kriegsbild
gravierend. Heroische Kämpfe blieben der Vergangenheit
verhaftet, wichen dem Alltag in Schützengräben und in
erbitterten Stellungskämpfen wie Verdun. Rasch machte
anfängliche Kriegsbegeisterung Ernüchterung Platz.

Nie zuvor gekannte Technisierung, Modernisierung und
Totalisierung steigerte die Gewalt zum industrialisierten
Massentod. Erstmals in der Geschichte gab es einen U-Boot-
Krieg, einen Luftkrieg und einen Gaskrieg, prägten nachhaltig
spätere Konflikte.

<u>Der Krieg kam im modernen Zeitalter an!</u>

Nach wie vor behandelten Offiziere ihre Untergebene als
unterwürfige, leibeigene Kreaturen, die abgerichtet gehörten
und nicht eigenständig denken sollten. Die Führung verstand
sich weiterhin als „Elite", dem Herrscher und ihrem Reich
verpflichtet. Gleichfalls begegneten Untergebene ihren
Vorgesetzten häufig mit Misstrauen. Viele erschienen kaum
mehr als vornehme Tagediebe mit Sonderprivilegien und
illegalen, zusätzlichen Rationen.

Moderne Technologie sorgte langsam, aber stetig, für
Verbesserungen. Gesellschaftliche Veränderungen drangen in
das Alltagsleben im Militär vor. Mannschaften wollten das

Gleiche wie die Offiziere – ausreichende Versorgung mit
Nahrungsmittel.

Zu den wichtigsten, technischen Errungenschaften gehörte definitiv eine bessere und kontinuierliche Versorgung der Soldaten. Hunger, Mangelernährung und Plünderungen gingen sehr stark zurück. Großbritannien verkündete nach Kriegsende stolz, es sei kein einziger britischer Soldat an Hunger verstorben.

Militärpersonal erhielt täglich eine bestimmte Menge Dosenfleisch. Frische Güter wie Brot, Gemüse und Fleisch blieben weiterhin Mangelware. Ausreichende Versorgung schütze nicht vor täglicher Monotonie. Soldaten verhungerten zwar nicht mehr, verabscheuten jedoch den alltäglichen „Fraß aus der Dose". Geschmack und Abwechslung fehlten.

Britische Armee

Täglich 4.000 Kalorien sollte jeder britische Soldat bekommen. Daraus ergab sich eine Ration aus aus 9 oz Dosenfleisch „Maconochie".

Maconochie, Stücke fetthaltigen Fleisches und Gemüse in dünner Soße, stillte zwar den Hunger, ließ sich aber kaum essen. Heiß war es nahezu ungenießbar, kalt hätten es die meisten am liebsten sofort entsorgt.

Zusätzlich erhielten die Männer Kekse, die Hardtacks frappierend ähnelten. Produziert vom weltweit größten Kekshersteller Huntley & Palmers, beinhalteten sie nur Mehl, Salz und Wasser. Notorisch hart konnten sie Zähne knacken, sofern sie nicht erst in Wasser oder Tee eingeweicht wurden.

Käse, Tee, Marmelade, Zucker, Salz und Kondensmilch
ergänzten die eintönige Soldatenration.

Innig geliebter Tee schenkte dem „Tommy" das vertraute
Gefühl von Heimat. Tee machte zudem vorhandenes Wasser
genießbarer.

Im Verlauf des Krieges gestaltete sich die Versorgung immer
schwieriger. 1916 kam K-Brot (aus getrockneten Kartoffeln,
Hafer, Gerste und sogar pulverisiertem Stroh) in Verteilung.
Getrocknete, gemahlene Rüben ersetzten fehlendes Mehl.
Daraus gebackenes Brot sah nicht nur unappetitlich aus,
sondern begünstigte auch Diarrhoe (Durchfall)!

Hart arbeitenden Küchenteams hatten alle Hände voll damit
zu tun, örtliches Gemüse bestmöglichst zu nutzen und notfalls
durch „Unkraut" und Blätter ergänzen.

Zur Lebensmittelzubereitung erhielt jedes Bataillon zwei
industrielle Fässer. Essen ließ sich darin leicht vorbereiten.
Ohne ausreichende Alternativen verfügten bald ausgegebene
Rationen über einheitliches Erbsen/Pferd/Tee-Aroma.

Nach wie vor stellte Transport die Logistik vor gravierende
Probleme! Kam das Essen endlich an die Front, war es meist
abgestanden, muffig und zerbröselte. Soldaten bekämpften
diesen Umstand mit Kartoffeln, Rosinen und Zwiebeln.

Kochend heiße Suppe, sofern sie nicht auf dem Weg
verschüttet wurde, erreichte nahezu immer erkaltet die
Schützengräben. Einzelne Soldaten ergatterten aus
Stadtgeschäften kleinere Campingöfen – und standen vor der

Aufgabe hohe Treibstoffmengen mit schwerem Gewicht zu ihren Öfen zu schaffen.

Langsam machte sich der Mangel frischer Nährstoffe bemerkbar. Soldaten tranken schmutziges Wasser aus nahen Pfützen. Bauch- und Magenprobleme traten auf. Durchfall gehörte zu den häufigsten Problemen!

Soldaten ergriffen schlussendlich eigenverantwortlich Verantwortung. Einige begannen in Schützengräben Gemüse anzubauen oder hielten Grabenkühe zur täglichen Milchversorgung. Aus Bauernhöfen „befreite" Hühner sorgten für Eiernachschub oder landeten auf den Tellern.

Lebensmittelpakete aus der Heimat, liebevoll von Frauen, Familie und Freunden gebacken und versandt, zauberten selbst den mürrischsten Soldaten ein Lächeln auf die Lippen.

Binnen kurzer Zeit entstanden Estaminets (improvisierte Cafes). Ihre Beliebtheit stieg rasant, angebotenes Essen wurde „britischer", dem Geschmack der Soldaten angemessen. Offiziere besuchten feine Restaurants in Städten wie Amiens.

Nahezu drei Millionen Tonnen Nahrung schickte die Regierung zu ihren Soldaten ins Ausland. Allein für die Logistik standen 320.000 Männern und 12.000 Offizieren zur Verfügung. Immerhin hatten 2,3 Millionen Briten an der Westfront Hunger.

Armeeköche und mobile Küchen erhielten Anweisungen bei Bedarf wild wachsende Pflanzen wie Brennnessel, Pilze,

Ringelblumen oder Gewürzpflanzen zu nutzen. Abfälle sollten tunlichst vermieden und Resteverwertung umgesetzt werden.

Die Regierung setzte alle Hebel in Bewegung, um ihre Soldaten zu unterstützten und schickte selbst gefrorene Güter auf den Weg!

Standard-Armee-Rationen
Eiserne Rationen in Dosen pro Person!

- 1¼ Pfund Fleisch (frisch oder gefroren) oder 1 Pfund Salzfleisch
- 4 Unzen Speck
- 20 Unzen Brot, 16 Unzen Mehl oder 4 Unzen Haferflocken
- 3 Unzen Käse
- 4 Unzen Butter oder Margarine
- 4 Unzen Marmelade oder Trockenfrüchte
- Je 1 Prise Pfeffer und Senf
- 8 Unzen frisches Gemüse oder 0,1 gill Limettensaft
- 0,5 Gill Rum oder 1 Pint Porter
- höchstens 2 Unzen Tabak

Alkohol

Wer in den Krieg zog, lernte oft genug einen neuen „Freund" kennen – den Alkohol!

Er gehörte bei den meisten Konflikten zur Standardration. Wie wichtig er sein konnte, lässt sich anhand des Ersten Weltkrieg leicht nachvollziehen!

In Tel Aviv entdeckte der Archäologe Ron Toueg gläserne Gefäßscherben und komplett erhaltene Flaschen. Einst gut gefüllt mit Gin, Whisky, Likör, Wein und Bier, half der Alkohol im Winter 1917/18 der britischen Armee sich die Zeit zu vertreiben. Viel zu tun gab es für die Soldaten nicht. So nutzten sie ihre Pausen, um vorhandene Anspannung mit Alkohol zu bewältigen.

Selbst bekannte Marken wie „Gordons" ließen sich leicht zuordnen. Dominierend im Getränkebestand der Truppe blieben Bier und Wein. Britische Offiziere halfen fleißig beim Ausschank. Alkohol sollte der Stärkung dienen! Er half ihnen, sich Mut anzutrinken.

Vereinzelte Einheiten schafften es ohne Alkohol nicht einmal mehr jene hohen Leitern zu besteigen, die auf offenes Feld führten.

Diese Einstellung zum Alkohol zog sich quer durch die Armeen, lediglich die Sorte Alkohol (Wodka/*Russen*, Rum/*Briten*, Rotwein/*Franzosen*, Branntwein/*Deutsche*, Bier/*Bayern*, …) unterschied sich voneinander!

Schriftsteller Arnold Zweig in seinem Roman „Erziehung vor Verdun":
„Man kann den Krieg führen ohne Frauen, ohne Munition, sogar ohne Stellungen, aber nicht ohne Tabak und schon gar nicht ohne Alkohol."

Vereinzelt setzten Vorgesetzte Alkohol bewusst als Droge ein, sollte er doch die Soldaten dazu bringen, die Deckung zu verlassen und in den wahrscheinlichen Tod zu stürmen. Aus Angst vor Unterleibsverletzungen aßen viele Soldaten vor dem Einsatz nichts mehr. Umso effektiver und rascher setzte die Wirkung des Alkohols ein!

Nicht zuletzt Angst vor Panzern und Giftgas trieb viele Soldaten in die Arme des Alkohols, in dem sie für kurze Zeit inneren Frieden fanden.

2. Weltkrieg

Erneut verbesserten sich Technik, Bewaffnung, essenzielles „Kriegsgerät" und die Versorgung der Soldaten. Nahezu flächendeckend ließ sich erstmals auf verschiedenste Konserven zurückgreifen.

Militärrationen erfüllten höhere Standards und boten eine breite Fülle an Möglichkeiten.

Amerika

Die späten 1930er stellten einen Meilenstein in der Entwicklung dar. Das US-Militär veränderte sein Rationensystem.

A-Ration (Garnison):
Frische und gekühlte Zutaten
vorbereitet und serviert in Messehallen

B-Rationen (Feld):
Konserven aus zubereiteten Mahlzeiten
Regulär ausgegeben in 5 oder 10 Stück-Packungen mit einer kleineren Auswahl an Gerichten für Frühstück, Mittag-und Abendessen.

C-Rationen (Kampf):
Dosenmahlzeiten mit Zubehörpaket
etwa 6.000 Kalorien für drei Mahlzeiten
Pro Soldat:

[100]

6 Dosen zu 12 Unzen (3 Stück M-Einheiten und 3 Stück B-Einheiten)

zu 3 verschiedenen Hauptgerichten (Fleisch mit Bohnen, Fleisch mit Kartoffel, Fleisch mit Gemüse)

Zusätzlich eine B-Einheit (Brot), Cracker, Dessert, Instant-Kaffee und Zucker

Inhalt des Zubehörpakets:

Löffel, Dosenöffner, neun Zigaretten, 20 Streichhölzer, Wasserreinigungstabletten oder Salztabletten, 3 Stäbchen Kaugummi sowie 3 Blatt Toilettenpapier.

K-Rationen (Notfallnahrung):
etwa 3.000 Kalorien für drei Mahlzeiten

Eugene Sledge, US Marine im Südpazifik über seine Erfahrungen mit den C-Rationen:

Each battalion had its own galley, but chow on Pavuvu consisted mainly of heated C rations: dehydrated eggs, dehydrated potatoes, and that detestable canned meat called Spam. The synthetic lemonade, so-called battery acid, that remained after chow was poured on the concrete slab deck of the galley to clean and bleach it. It did a nice job. As if hot C rations didn't get tedious week in and week out, we experienced a period of about four days when we were served oatmeal morning,

---

> noon and night. Scuttlebutt was that the ship carrying our supplies had been sunk. Whatever the cause, our only relief from monotonous chow was tidbits in packages from home. The bread made by our bakers was so heavy that when you held a slice by one side, the rest of the slice broke away of its own weight. The flour was so massively infested with weevils that each slice of bread had more of the little beetles than there are seeds in a slice of rye bread. We became so inured to this sort of thing, however, that we ate the bread anyway; the wits said, "It's a good deal. Them beetles give you more meat in your diet."

Großbritannien

Großbritanniens standardisierte Rationen enthielten neben eigenen Entwicklungen auch amerikanische C- und K-Rationen.

In ihren eigenen Versionen, den "Compo" (kurz für Composite) Packs, steckten typische, britische Hauptgerichte wie „Steak und Nieren", Haricot Ochsenschwänze, Fleisch und Gemüse, geschmortes Steak und roten Lachs. Sie lieferten an die 5.000 Kalorien.

Zusätzlich enthielten sie noch eine Heizmöglichkeit - den Tommy-Herd - angetrieben von Sterno- oder Hexamin-

Tabletten. Dadurch ließen sich die Rationen leichter erwärmen.

Compo-Rations enthielten zwar Zigaretten. Toilettenpapier jedoch fehlte. Britische Truppen staunten nicht schlecht, dass es in amerikanischen Rationen Toilettenpapier gab! Diese Erkenntnis sorgte für Heiterkeit!

Deutschland

Deutsche Truppen griffen lieber auf klassische Feldküchen zurück, versuchten möglichst auf Fertigmahlzeiten zu verzichten. Sie bezogen ihre Lebensmittel aus dem näheren Umfeld, plünderten lieber besetzte Gebiete.

1941 beschloss die Armeeführung, die Versorgung allein durch Güter und Reserven der Sowjetunion zu bestreiten. Daraus folgte eine Minimierung der täglichen Kalorienzufuhr für Mitglieder der besetzten Gebiete. Dies ging bis zu täglichen 184 Kalorien für Juden in Lagern und Ghettos.

Parallel dazu produzierte die Wehrmacht Dosenrationen, ähnlich jener der amerikanischen C- und K-Rationen. Genutzt werden sollten sie nur bei dringendem Bedarf oder wenn alternative Möglichkeiten fehlten. Deutsche Dosenkost beinhaltete 200 Gramm Fleischkonserven (amerikanisch C-Rationen kamen auf 340 Gramm), 300 Gramm Cracker, Zucker und Ersatz-Kaffee. Zusammen gab dies nicht mehr als 1.000 Kalorien.

Dafür bekamen deutsche Soldaten reichliche Mengen an Amphetaminen und dem Methamphetamin Pervitin. Als „Panzerschokolade", „Stuka-Tabletten" oder „Hermann-Göring-Pillen" steigerte es Leistung und Durchhaltevermögen, bis zum Zusammenbruch. Pervitin war nichts anderes als „Crystal Meth"!

Rezepte

Milch Biskuit Pudding (für 100 Mann!)

Zutaten:

15 Pfund Kekse

3 Dosen Milch

5 Pfund Zucker

4 Pfund Johannisbeeren

1 Pkg Gewürze

4 Unzen kandierte Schale

Zubereitung:

Leg die Kekse für drei Stunden in kaltem Wasser ein. Schneide sie fein, sobald sie weich sind und ausreichend Flüssigkeit aufgesogen haben. Gib sie zusammen mit Zucker und Johannisbeeren in ausreichend große Backformen.

Mische die Milch mit Gewürzen und kandierter Schale. Übergieße die Kekse mit Milch. Stelle die Schalen für 60 Minuten in das Backrohr.

Anmerkung und Empfehlung:

Der „Milch Biskuit Pudding" bietet sich optimal als Resteverwertung an. Die Zutatenmenge sollte dazu der Anzahl der tatsächlichen Esser angepasst werden.

Brown Stew

Zutaten:

1 Stück Knochenfleisch
3 Pfund Mehl
0,5 Unzen Pfeffer
0,5 Unzen Salz
Zwiebel, verschiedene Gemüse nach Vorhandensein
Wasser nach Bedarf

Zubereitung:

Trenne zuerst Fleisch und Fett.

Mische Mehl, Pfeffer und Salz in einer Schüssel gut durch. Streu die Mischung auf den Boden eines Kochgefäßes und leg die Fleischstücke darauf. Schäle und hacke die Zwiebel. Waschen, schäle und schneide das Gemüse. Vermenge die Zutaten gut miteinander. Füge

Gib diese Mischung für 2,5 – 3 Stunden in den Ofen. Rühre des Öfteren um!

Anmerkung und Empfehlung:

Achte darauf den Brown Stew mit ausreichend Flüssigkeit zu versorgen. Der Bedarf an Wasser erschließt sich aus der Art des Gemüses!

Maconochie

Zutaten:

340 g Rindfleisch (oder ein Dose Corned Beef)
140 g Kartoffeln (Sorten, die nicht zerfallen!)
30 g Zwiebeln
30 g Karotten
30 g gekochte weiße Bohnen
60 ml Rindfleischbrühe oder Wasser
15 ml Mehl
15 ml Fett (Schmalz oder Rindfleisch)
Salz zum Abschmecken

Zubereitung:

Schneide das gewählte Fleisch in Stücke zu 0,5 – 1 Zoll.
Schäle und schneide Kartoffel, Zwiebel und Karotten zu
dünnen Stiften. Gib alles zusammen in einen Topf und
dünste die Zutaten an.

Erhitze das Fett in einer Pfanne. Gib die angedünsteten
Zutaten dazu. Brate diese im Fett an und gib den Rest der
Zutaten dazu. Koche den Eintopf, bis die Mischung
verdickt.

Schmecke mit Salz ab.

Anmerkung und Empfehlung:

Frisch gekocht ist immer besser als „Dosenfutter".
Maconochie lässt sich leicht variieren, je nach genutzter
Zutat!

NACHWORT UND FAZIT

Europa hat viele Jahrhunderte an Kriegen hinter sich. In dieser Zeit entwickelten sich Technik, Waffen und Kriegskunst beständig weiter.

Gern übersehen wird dabei die Bedeutung der Ernährung von Soldaten! Wie viele Schlachten wurden gewonnen oder verloren, nur weil es am Essen mangelte?

Logistik und Transport stellten nahezu alle Heere vor das gleiche Dilemma:
Zeitgerecht ausreichend Nahrung zu den Truppen zu bringen!

Diesem Umstand verdankt die moderne Gesellschaft nicht nur ein gut ausgebautes altrömisches Straßennetz, sondern ebenso verschiedenste Konservierungsmethoden, die ohne Kriege vielleicht nie entstanden wären.

> **Zitat Heraklit:**
> Der Krieg ist der Vater aller Dinge.

Kriege lassen sich nicht vollends verhindern, doch wir können Entwicklungen daraus zu friedlichen Zwecken nutzen!

TABELLEN

1/4 Cup = ca. 60 ml, (30g Mehl oder 55g Butter)

1/2 Cup = ca. 120 ml (60g Mehl oder 110g Butter)

1 Cup = ca. 240 ml, (120g Mehl oder 225g Butter)

1 ounces (Unzen) = 28 Gramm

1 fluid ounces = 30 ml

1 Pfund = 0,5 Kg

1 Pint = ca. 0,5 L

32° Fahrenheit = 0° C

212° Fahrenheit = 100° C

350° Fahrenheit = ca. 180° C

400° Fahrenheit = 205° C

1 Firkin = 56 Pfund Butter oder 64 Pfund Seife

GB: 1 fluid ounze (fl oz) = 28,4130625 ml
USA: 1 fluid ounze (fl oz) = 29,5735295625 ml

LITERATUR-VERZEICHNIS

- **Hardee's Rifle and Light Infantry Tactics**, William Joseph Hardee, 84 Seiten, Nabu Press, ISBN-10: 1245848224
- **Sparta. Eine Einführung in seine Geschichte und Zivilisation**, Manfred Clauss, 247 Seiten, C.H. Beck Verlag, ISBN-10: 3406094767
- **Das römische Kochbuch by Marcus Gavius Apicius**, Marcus Gavius Apicius, 191 Seiten, Reclam Verlag, ISBN: 978-3-15-019383-9
- **"Ich schwöre es!" Unter der Fahne des ersten Napoleon: Jugendgeschichte des Hunsrücker Dorfschullehrers Johann Jakob Röhrig, von ihm selbst erzählt**, Johann Jakob Röhrig, 136 Seiten, Fachverlag Amon, ISBN-10: 3940980102
- **Wartime Cookbook**, Anne und Brian Moses, 48 Seiten, Hodder Wayland, ISBN-10: 0750222999
- **Kulturbilder aus Hellas und Rom**, Hermann Göll, 444 Seiten, hansebooks Verlag, ISBN-10: 3744629252
- **Ger-Opsartytika und Verwandtes**, Friedrich Bilabel, 48 Seiten, Fb&C Ltd Verlag, ISBN-10: 0243879695
- **Die Bier-Brauerei: nach den neuesten theoretischen und praktischen Erfahrungen zusammengestellt von C.Grabe**, 1861

- **Das Santiago Kochbuch: Eine kulinarische Pilgerreise durch die Küchen des Jakobsweges**, Annemarie Habarta und Gerhard Habarta, 184 Seiten, BOD Verlag, ISBN-10: 3837028631
- **The History of the 95th (Rifles)-During the South American Expedition 1806, The Baltic Expedition 1807, The Peninsular War, The War of 1812 and the Waterloo Campaign,1815: Volume 1-1800-1815**, William H. Cope, 280 Seiten, Leonaur Verlag, ISBN-10: 0857061305
- **Peter Hagendorf - Tagebuch eines Söldners aus dem Dreißigjährigen Krieg (Herrschaft und soziale Systeme in der Frühen Neuzeit)**, Jan Peters, 238 Seiten, V&R Unipress Verlag, ISBN-10: 389971993X
- **Erziehung vor Verdun**, Arnold Zweig und Eva Kaufmann, 553 Seiten, Aufbau Taschenbuch, ISBN-10: 3746652111

FSC
www.fsc.org

MIX

Papier aus ver-
antwortungsvollen
Quellen
Paper from
responsible sources

FSC® C105338